AF626552

Claudia Seebothe

Glücksorte in und um Hildesheim

Fahr hin & werd glücklich

Dieses

Glücksbuch

ist für

Liebe Glücksuchende,

In und um Hildesheim hat das Glück vielerlei Facetten. Mal kommt es als Café daher, in dem man es sich bei einem frisch aufgebrühten Kaffee und köstlichem, hausgemachtem Kuchen gemütlich machen und die Seele baumeln lassen kann, mal sind es die harmonischen Formen einer Kirche, die eine ungewöhnliche Schönheit ausstrahlen und das Auge erfreuen, und mal sind es die inspirierenden Begegnungen mit Menschen, die ihre Träume verwirklichen und Besucherinnen und Besucher einladen, mitzumachen. Auch wenn ich Hildesheim und die Region schon seit meiner Kindheit kenne, fühlten sich die Recherchen für mich an wie eine Entdeckungsreise auf unbekanntem Terrain. Ich durfte hinter die Kulissen von Orten schauen, die ich bisher nur aus der Besucherinnen-Perspektive kannte, und konnte neue Plätze erkunden. So entstand eine bunte Mischung aus Orten, an denen das Glück, dieses sprunghafte Gefühl, greifbar wird.
Ich wünsche auch Ihnen viel Freude beim Entdecken der Glücksorte in und um Hildesheim.

Claudia Seebothe

Deine Glücksorte ...

... noch mehr Glück für dich

Unterwegs ankommen

1 Die Sedanstraße

Es ist Nachmittag an der Sedanstraße, der Wind raschelt leise in den Blättern der Platanen und zaubert ein Spiel aus Licht und Schatten auf den Boden. Im Volksmund wird die Straße gerne auch als Sedanallee bezeichnet, und das kommt nicht von ungefähr: Während die Straße links und rechts an den Villen aus der Gründerzeit entlangführt, gibt es mittendrin eine „grüne Lunge" mit alten Platanen, die sich aneinanderreihen, einer Wiese und einem Spazierweg – ganz wie eine Allee eben. Wer mit dem Fahrrad von der Oststadt in die Neustadt will, nimmt die Sedanstraße und kann für ein paar kostbare Minuten frei in die Pedale treten, ganz ohne Ampel und Straßenlärm. Ein kurzer Moment in der Natur zum Genießen und Ganz-bei-sich-Sein, bevor es wieder in den städtischen Trubel geht.

Die Sedanstraße ist aber nicht nur ein Ort des Durchfahrens und Unterwegsseins, sondern auch ein Ort zum Ankommen und Verweilen. Tagsüber trifft man hier auf Studierende aus dem nahe gelegenen Wohnheim, die das Lernen ins Freie verlegen und zur Entspannung zwischendurch ihre Slackline aufspannen. Nach Feierabend vergrößert sich der Kreis der Auszeit-Nehmer, und die Sedanstraße wird zum erweiterten Garten der Anwohner. Gut ausgestattet mit Decke und Picknickkorb sucht man sich ein lauschiges Plätzchen für die nächsten Stunden und genießt die gemeinsame Zeit mit Familie und Freunden. Ist der Picknickkorb leer, geht es wahlweise zum gemütlicheren oder actionreicheren Teil des Nachmittags über: Ein gutes Buch, in das man sich vertieft, oder eine Runde Fußball mit den Kids stehen auf dem Programm. Auch kleine und große Schatzsucher kommen in der Sedanstraße auf ihre Kosten, denn in der losen Rinde der Platanen lassen sich wunderbar Zettelchen verstecken. Und während die Schatten der Bäume länger werden, mischt sich das Zwitschern der Vögel mit dem Lachen der Menschen – und die Zeit steht für einen kurzen, glücklichen Moment still.

● Sedanstraße, 31134 Hildesheim
● ÖPNV: Bus 1, 2, Haltestelle Hildesheim Ostbahnhof

Frühlingserwachen

2 Im Haseder Busch

Wenn die Tage länger werden, die Sonnenstrahlen wieder warm auf der Haut kribbeln und die Natur aus ihrem Winterschlaf erwacht, ist es Zeit für einen Spaziergang im Haseder Busch. Wo könnte man besser beobachten als hier, wie es langsam Frühling wird? Zuerst stecken vereinzelt Schneeglöckchen ihre vorwitzigen Blüten an die frische Luft, dann die lampenschirm-förmigen Märzenbecher, die sonnenhungrigen Buschwindröschen, die farbenprächtigen Schlüsselblumen und schließlich der König unter den Frühblühern: der Lerchensporn. Die schlauen Frühblüher haben diese Jahreszeit nicht umsonst gewählt, um ihre Pracht zu zeigen: Im Frühling, wenn die Bäume noch kahl sind und die Sonnenstrahlen bis auf den Boden gelangen, müssen sie keine Konkurrenz um das Sonnenlicht befürchten – und ziehen alle Aufmerksamkeit auf sich. Jetzt ist der Haseder Busch ein einziger Blütenteppich. Unter den grauen Ästen der Bäume leuchtet es farbenfroh in allen Schattierungen von Grün, Weiß, Gelb und Lila.

TIPP

Je nach Wetterlage beginnen die Frühblüher Mitte/Ende März zu blühen.

Wir wandeln auf ausgedehnten Waldwegen und kleinen Trampelpfaden durch den Auenwald, spüren, wie das Laub aus dem letzten Jahr unter unseren Füßen knistert oder die Erde schmatzt, wenn wir an einer feuchten Stelle sind. Schließlich fließt die Innerste nur wenige Meter entfernt vorbei und sorgt damit für die Artenvielfalt im Wald. Wir gehen langsam, bestaunen die Farbenpracht, spüren die erwachende Lebensfreude und prüfen das Blütenmeer aufmerksam: Irgendwo hier verstecken sich der Wald-Gelbstern und der seltene kleine Gelbstern. Wir werden euch schon finden! Voller Entdeckerdrang spazieren wir durch den Haseder Busch, riechen den würzig-süßen Duft des Frühlings, den wir so vermisst haben, und hören das fröhliche Zwitschern der Vögel. Wir sind mittendrin, im Neubeginn. Und am Ende des Ausflugs können wir mit Gewissheit sagen: Jetzt ist der Frühling wirklich da.

- Haseder Busch, 31180 Giesen
- ÖPNV: Bus 21, 22, Haltestelle Hasede Mitte

Glück zum Pflücken

3 Auf dem Erdbeerfeld bei Groß Escherde

Was schmilzt auf der Zunge, schmeckt zuckersüß und macht einfach nur glücklich? Na klar, Erdbeeren! Natürlich könnte man die frechen Früchte einfach auf dem Markt kaufen. Aber viel schöner ist es doch, sie bei herrlichem Sommersonnenschein selbst zu pflücken: durch das Stroh zu rascheln, auf dem die zarten Pflänzchen gebettet sind, und genau zu wissen, wo das Obst herkommt, aus dem später himmlische Köstlichkeiten gezaubert werden. Mit den mitgebrachten Vorratsdosen oder Eimern – je nachdem, was man mit den Erdbeeren noch so vorhat – geht's erst mal zum Wiegen an den Erdbeerstand. Der ist gleichzeitig auch eine wichtige Informationsquelle: Schließlich erhält man nur hier den ultimativen Tipp, in welcher Reihe es noch besonders viele Erdbeeren gibt und wo sich die süßesten Früchtchen verstecken.

TIPP
Auf dem Pflückfeld in Sibbesse gibt es sogar ein Beerencafé.

Kleine Schilder mit den Namen der Sorten weisen den Weg. Ob zu zweit oder mit der ganzen Familie: Nun kann der Wettbewerb beginnen. Wer findet die größte Erdbeere, die süßeste, die röteste? Die Gewinner dürfen ihr sonnenwarmes Prachtexemplar natürlich gleich vernaschen. Die Auswahl ist abwechslungsreich: Da gibt es zum Beispiel Rumba, eine der ersten Sorten, oder wie wäre es mit der glänzenden Sonsation? Und für alle, die spät dran sind, gibt's die Malwina, die auch noch im Juli reift. Ja, Erdbeere ist nicht gleich Erdbeere! Die eine ist so groß, dass sie kaum in die Handfläche passt und deshalb wunderbar geeignet, um mit ihresgleichen in einem sprudelnden Topf zu Marmelade verarbeitet zu werden. Die andere ist so klein und dunkelrot, dass es keinen schöneren Ort für sie gibt als auf einem leichten Biskuitboden mit Sahnefüllung. Von luftigen Milchshakes und süß-sauren Salatdressings ganz zu schweigen! Und das Beste: Die knallroten Früchte haben kaum Kalorien und mehr Vitamin C als eine Orange! Am Ende des Ausflugs zum Erdbeerfeld sind die Körbe prall gefüllt, die Haut sonnenwarm und auf der Zunge liegt ein himmlisch-leichter Geschmack.

- Selbstpflückfeld von Hof Rokahr, An der Mühle, 31171 Groß Escherde, Tel. (0 50 44) 98 40 98 (Saison: ca. Ende Mai bis Anfang Juli), www.hof-rokahr.de
- ÖPNV: Bus 52, Haltestelle Groß Escherde/Nobiskrug

Visionäres Bauwerk

4 Das Fagus-Werk in Alfeld

Wer das Gelände des Fagus-Werks betritt, spürt sofort den Zauber: An diesem Ort werden Träume und Visionen wahr. Im Jahr 1911, als hier noch brachliegendes Land mitten in der Kleinstadt Alfeld war, geschah etwas Außergewöhnliches, das nicht nur großen Einfluss auf die Zukunft der Stadt hatte, sondern auf die ganze Welt. Etwas, das zeigt: Es lohnt sich, nach den Sternen zu greifen.

Carl Benscheidt, seines Zeichens Produktionsleiter bei einem Hersteller von Schuhleisten in Alfeld, suchte nach einem Ort, an dem er seine visionären Ideen von Unternehmertum und Mitarbeiterführung umsetzen konnte. Den Menschen wertschätzen und sein Bedürfnis nach Licht, Leichtigkeit und Freude an der Arbeit in den Mittelpunkt zu stellen, das war Benscheidt wichtig. Ein geradezu revolutionärer Ansatz im Industriezeitalter. So beschloss er mit Anfang 50, seinen sicheren Posten aufzugeben, ein eigenes Unternehmen zu gründen und sein Glück zu probieren. Leichtigkeit und Transparenz wünschte er sich auch für die Gebäude seiner Produktionsstätte und beauftragte mit dem Bau den jungen Architekten Walter Gropius, der nur so vor Ideen sprudelte. Zwei Visionäre hatten zusammengefunden und verfolgten ihren Weg gemeinsam gegen alle Bedenken. Gropius spielte mit hellen Farben, klaren Formen und ganz viel Glas. Er erschuf die „offene" Ecke, indem er die Ecken des Gebäudes ausschließlich mit Glas gestaltete, und er ließ lichtdurchflutete Räume entstehen, in denen an heißen Sommertagen durch die geöffneten Fenster eine angenehme Brise wehte. Die Mitarbeitenden waren von ihrem ungewöhnlichen Arbeitsort begeistert und der Erfolg ließ nicht lange auf sich warten: Schuhleisten von Fagus wurden bald in die ganze Welt verschifft, und Walter Gropius' Bauhaus-Stil begeisterte ab den 1920er-Jahren Architekten weltweit. Heute werden im Fagus-Werk – neben anderen Produkten – noch immer Schuhleisten produziert. Damit ist es ein lebendes Denkmal, das zeigt: Träume werden wahr. Man muss sich nur trauen loszugehen.

TIPP

Im Fagus-Werk finden regelmäßig öffentliche Führungen sowie kulturelle Veranstaltungen und Ausstellungen statt.

- UNESCO-Welterbe Fagus-Werk, Hannoversche Straße 58, 31061 Alfeld, Tel. (0 51 81) 7 90, www.fagus-werk.com
- ÖPNV: Bus 44, Haltestelle Alfeld (Leine) Bahnhof/ZOB

Ein Moment der Ruhe

5 Im Teekontor

In einer kleinen Seitenstraße abseits vom Trubel der Fußgängerzone liegt Ulrike Steinhauers Teekontor. Wer diese kleine Oase der Ruhe betritt, taucht ein in eine andere Welt. Es duftet herrlich nach Kostbarkeiten aus Übersee, und auf den Regalen stehen elegant aufgereiht große Dosen mit feinen Teeblättern. Wer hierherkommt, bringt Zeit mit. Denn was gibt es Schöneres, als die verschiedenen Teesorten zu schnuppern und das Bauchgefühl entscheiden zu lassen, welchen Tee man heute wählt? Ulrike Steinhauer hat für jede Stimmungslage den richtigen Tee: Soll es vielleicht ein klassisch schwarzer Tee sein aus den Teegärten in Assam oder Darjeeling? Etwas Fruchtiges? Oder ist man heute wagemutig und probiert den Rauchtee? Der rauchig-herbe Duft hat diesem Tee seinen Namen gegeben, und wer ihn trinkt, hat das Gefühl, er zieht mit einer Teekarawane von China nach Tibet, reitet auf einem Kamel und transportiert den in Ziegel gepressten Tee. Und nachts, wenn das Lagerfeuer brennt, um Wärme zu spenden und gefährliche Tiere fernzuhalten, zieht der Rauch des Feuers in die Ziegel und verleiht dem dort gelagerten Tee seinen ungewöhnlichen Geschmack.
Natürlich gibt es in Ulrike Steinhauers Oase nicht nur geschichtsträchtige Tees, sondern auch kreativ-moderne. So hat sie eine Mischung aus Darjeeling und Assam entwickelt, die sich besonders gut für das Hildesheimer Wasser eignet. Hildesheimer Börde heißt er, und weil es diesen Namen noch einmal gibt – so heißt auch ein Rastplatz an der Autobahn – bestellen manche Kunden bei ihr gerne mal scherzhaft den „Parkplatz-Tee". Aber im Teekontor gibt es nicht nur Tee, sondern auch allerlei, was die gemütliche Teestunde daheim ausmacht. Dank ihrer langjährigen Tätigkeit in der Porzellanbranche hat Ulrike Steinhauer ein Händchen für stilvolle Tassen und Kännchen, die sie ebenfalls in ihrem Laden anbietet. Dazu noch Englisches Teegebäck und zuckersüße Bonbons, und alles ist bereit für einen köstlichen Moment der Ruhe.

- Teekontor, Kurzer Hagen 14, 31134 Hildesheim, Tel. (0 51 21) 1 47 92
www.tee-oase.de
- ÖPNV: Diverse Busse, Haltestelle Almstor

Lernen und chillen

6 Ein Tag an der Tonkuhle

Wenn die Sonne schon am frühen Morgen vom Himmel strahlt und das Thermometer 25° C anzeigt, dann ist es Zeit für einen Tag an der Tonkuhle. Wo bis Ende der 1960er-Jahre Ton abgebaut wurde, kann man sich heute auf der Wiese im süßen Nichtstun üben oder sich im blau-grünen Wasser des Sees erfrischen. Fröhlich schnattern die Enten, und in den Bäumen zwitschern die Vögel. Ein leichtes Lüftchen lässt die Äste rascheln, und hier oben am Galgenberg, zwischen Stadt und Stadtwald, machen einem selbst heiße Temperaturen nichts aus. Wer früh kommt, kann sein Handtuch am Lieblingsplatz ausrollen. Dann noch fix mit Sonnencreme eingecremt, das Buch aufgeklappt, und schon kommt Urlaubsstimmung auf. Oder Lernstimmung. Denn die Studis aus dem Wohnheim nebenan nehmen gerne mal ihre Unterlagen mit auf die Wiese, um für die anstehenden Prüfungen zu büffeln. Weiter in Richtung nördliches Ufer ändert sich das Bild. Hier gibt es einen FKK-Bereich, wo Hildesheimer Fans der Freikörperkultur ihren Platz gefunden haben.

Das Schönste an einem heißen Sommertag an der Tonkuhle ist unbestritten der Moment, wo man mit dem Seil am Ostufer ins Wasser springt, das kühle Nass über dem Kopf zusammenschlägt, und man für einen klitzekleinen Moment, so lange wie die Luft reicht, in die Unterwasserwelt eintaucht. Und wenn man dann prustend wieder auftaucht, prickelt das Wasser noch für einen herrlichen Augenblick weiter auf der Haut. Hach, das ist Sommer in Hildesheim! Wenn die Sonne weiter nach Westen wandert und die größte Hitze des Tages langsam nachlässt, tauchen aus den umliegenden Wohngebieten immer mehr Menschen auf, die die Tonkuhle in ihr Draußen-Wohnzimmer verwandeln. Mit Picknickdecke, Kühltasche und Grill machen sie es sich gemütlich, und schon bald ziehen der würzige Duft von Gegrilltem und Gelächter über die Wiese. Und nebenbei erklingt vielleicht aus einem Lautsprecher Musik von Radio Tonkuhle, dem lokalen Sender, der nach diesem wunderschönen Ort benannt wurde.

● Tonkuhle See „Blauer Kamp", 31141 Hildesheim
● ÖPNV: Bus 1,4, Haltestelle Schillstraße

Beruhigende Unendlichkeit

7 Die Hildesheimer Volkssternwarte Gelber Turm

Einmal nach den Sternen greifen, dieser Traum wird in der Volkssternwarte Gelber Turm wahr. Immer freitags abends, wenn die Dunkelheit sich über die Stadt gelegt hat und die Sterne anfangen zu blinken, können Astronomie-Fans hier tief ins Weltall schauen. Bis zur Kuppel sind es genau 116 Stufen, die letzten davon über eine Metallleiter, die per Handkurbel ausgefahren wird. Dann ist man in der imposanten Kuppel aus polnischer Kiefer, die sich auf Knopfdruck knarzend öffnet. Die Kuppel war ein Geschenk des Astrophysikalischen Instituts in Potsdam, ebenso wie die beeindruckende Montierung für das Spiegelteleskop. Was so grob aussieht, ist in Wirklichkeit ein Meisterstück an Präzisionstechnik der Firma Carl Zeiss aus dem Jahr 1945. Wer sein Auge auf das kühle Okular legt, ist durch einen raffinierten Spiegelmechanismus dem Himmel plötzlich ganz nah: Auf einmal sieht man Kometen mit faszinierenden Schweifen, die Überreste einer gigantischen Sternenexplosion, die chinesische Gelehrte im 11. Jahrhundert beobachteten, oder den Doppelstern Albireo, der orangerot und bläulich am Himmel leuchtet. Fachmännisch beantworten die Sternwartenbetreuer der Hildesheimer Gesellschaft für Astronomie e. V. neugierige Fragen, man spürt ihre Begeisterung für die Astronomie. Und die macht sich bald in der ganzen Kuppel breit. Wer hier oben steht und durch das Teleskop schaut, dem erschließt sich eine völlig neue Welt; die Dimensionen, die wir von der Erde kennen, verlieren ihre Bedeutung. 100 Jahre sind ein hohes Alter? Aber nicht für einen Stern! Kleine Sterne existieren bis zu 10 Milliarden Jahre lang! Wer hier oben steht, spürt die unendliche Weite des Universums und kann auch schon einmal ins Sinnieren kommen: Wo ist eigentlich mein Platz in dieser weiten Galaxie? Auch wenn man darauf keine Antwort finden sollte, bleibt nach dem Besuch das wunderschöne, beruhigende Gefühl, dass das chaotische Weltall gerade etwas übersichtlicher für einen geworden ist.

TIPP

Vom Wanderparkplatz an der Jahnswiese ist der Gelbe Turm in wenigen Gehminuten erreichbar.

- Hildesheimer Volkssternwarte Gelber Turm, Galgenberg, 31141 Hildesheim
www.astronomie-hildesheim.de
- ÖPNV: Bus 4, Haltestelle Universität (rund 20 Minuten Fußweg)

137x

Schnupperparadies

8 Im Magdalenengarten

Nirgendwo sonst duftet es in Hildesheim so herrlich wie im Magdalenengarten. Wenn im Frühjahr und Sommer die Rosen blühen, kann man sich an ihrem wunderbaren Duft glücklich schnuppern. An „Rosa alba“, den englischen Rosen von David Austin oder den Rosen aus dem norddeutschen Hause Kordes. Im Herbst folgt auf das Rosen-Schnupper-Glück das Obst-Schnupper-Glück, wenn die Äpfel auf der Obstwiese reif werden und ihren frischen, erdigen Duft im Garten verströmen. Der Magdalenengarten liegt geschützt zwischen den Wallanlagen und war lange Zeit der Nutzgarten des Klosters St. Maria Magdalena. Anfang der 2000er-Jahre wurde er so rekonstruiert, wie er im Mittelalter war, und für die Öffentlichkeit zugänglich gemacht. So können Besucher heute erleben, wie ein mittelalterlicher Klostergarten bewirtschaftet wurde.

Im vorderen Teil sind Blumenanpflanzungen, die in früheren Zeiten dem Ausschmücken der Kirche dienten. Im hinteren Teil wird Obst und Gemüse angebaut. Eine Überraschung versteckt sich am Hang: Hier gibt es einen kleinen Weingarten mit köstlichen Trauben, trotz Hildesheims Lage in nördlichen Gefilden. Doch im Mittelalter gehörte der Weingarten zu jedem Kloster einfach dazu. Wie herrlich es ist, über die verschlungenen Pfade zu wandeln und die lauschigen Ecken zu entdecken. Da gibt es den Duftrosengarten, den Kräutergarten, den Magnolienplatz und den Wildtulpenweg, oder man schlendert über den Hauptweg durch rankende Rosen hindurch zur Statue von Maria von Lourdes. Immer wieder sieht man zwischen den Blumen und Bäumen die Spitzen der prächtigen Michaeliskirche. Und das ist kein Zufall: Als der Garten im 11. Jahrhundert angelegt wurde, gehörte er zum Kloster Michaelis, bevor er später in den Besitz des Magdalenerinnenklosters überging. Für einen besonders schönen Blick auf den Garten braucht man ein bisschen Puste: Treppenstufen im westlichen Teil führen den Wall hinauf zu einem schmiedeeisernen Tor, wo man die ganze Erhabenheit dieses Ortes spürt.

● Magdalenengarten, Zugang über das Seniorenheim Magdalenenhof, Mühlenstraße 24, 31134 Hildesheim (freier Eintritt)
● ÖPNV: Bus 1, Haltestelle Museum

Aussicht vom Feinsten

9

Auf dem Panoramaweg bei Hildesheim

Hildesheim hat zwar kein Empire State Building, und angesichts des Größenunterschieds zu New York wäre es vielleicht auch etwas vermessen, das zu erwarten. Aber die Aussicht vom Hildesheimer Panoramaweg ist schon ziemlich großartig! Kein Fahrstuhl führt zu diesem Weg, dafür eine gerade Straße, die immer steiler wird. Wer sich die 9-%-Steigung hinaufwagt, wird mit einem fantastischen Blick belohnt. Linkerhand erhebt sich die Altstadt mit ihren roten Steinen aus dem grünen Umland, und die Spitzen der Kirchtürme ragen in den blauen Himmel. „Welcher Turm gehört zu welcher Kirche?“ ist ein beliebtes Ratespiel hier oben. Ja, hier oben, da ist die Stadt so weit entfernt und doch zum Greifen nah. Hier oben erst werden einem die Ausmaße Hildesheims richtig bewusst, rot schimmert die Altstadt aus Hildesheims Blütezeit im Mittelalter und ringsherum die weißen und grauen Gebäude neueren Datums. Dazwischen immer wieder Grün. Denn Hildesheim ist auch das: eine grüne Stadt. Und bei gutem Wetter sieht man im Süden sogar den Harz!

Hier oben breiten Familien ihre Picknickdecken aus, naschen süße Pralinen, luftige Torten und frische Salate und genießen den Moment im kleinen Kreis mit großer Sicht. Nach der leckeren Sause tollen die Kinder den Weg entlang, während die Erwachsenen einen gemütlichen Verdauungsspaziergang Richtung Neuhof machen. Immer im Blick: die Stadt zu ihren Füßen. Und hier oben, ähnlich wie auf dem Empire State Building, finden klopfende Herzen zueinander. Wenn die Lichter der Stadt anfangen zu leuchten und die Sterne am Firmament aufgehen, hat schon so manch einer gestanden: Ich liebe dich. Doch der Panoramaweg ist nicht nur Spot für Familienpicknicks und Dates, von hier oben hat man auch die schönste Sicht am Silvesterabend. Punkt Mitternacht erleuchten knallbunte Farben den Himmel, ein Zischen und Knistern zieht durch die Luft, und jeder darf das neue Jahr mit einem Wunsch begrüßen.

- Panoramaweg, 31139 Hildesheim
- ÖPNV: Bus 3, Haltestelle Waldquelle; Bus 6, Haltestelle Triftstraße

Meditative Stille

10 Die Kirche St. Mauritius

Imposant erhebt sich die ehemalige Stiftskirche am Moritzberg, und wer durch das Eingangstor in der Steinmauer tritt, taucht ein in eine andere Welt. Eine Welt voll Geschichte, beeindruckender Baukunst – und Stille. Im 11. Jahrhundert ließ Bischof Hezilo die Kirche errichten, heute ist sie die einzige Säulenbasilika, die in Norddeutschland noch erhalten ist. An diesem Ort sind sich im Laufe der Jahrhunderte nicht nur viele Menschen begegnet, um gemeinsam zu beten und Kraft im Glauben zu finden. Die Kirche vereint auch verschiedene Baustile: Architekturliebhaber finden hier Elemente des romanischen und gotischen Stils sowie des Spätbarocks.

Wenige Schritte hinter dem Eingangstor, durch ein dunkles Gewölbe hindurch, erreicht man den lichtdurchfluteten Kreuzgang, den wohl schönsten Teil des Geländes. Sanft plätschert das Wasser im Brunnen, die Sonne malt Schattenspiele in den Kreuzgang und über allem wacht Maria mit ihrem Kind auf dem Arm, abgebildet auf der Steinsäule im Innenhof. Vorsichtig setzt man einen Fuß vor den anderen und erkundet diesen Ort in meditativer Stille. Nimmt die Lichtsprenkel der Sonne wahr, fühlt den festen Stein unter den Füßen und entdeckt beeindruckende Zeugnisse aus einer anderen Zeit. Da gibt es im nördlichen Gang die romanischen Säulen, die noch aus dem 11. Jahrhundert stammen. Oder die Grabsteine, die früher die Gräber der Stiftsherren zierten und heute an den Wänden des Kreuzgangs lehnen. Anhand ihrer Ausführung kann man den Wohlstand des jeweiligen Stiftsherren ablesen, und die Inschriften erzählen von dem Leben der Herren. Und draußen im Innenhof, da wiegen sich die Rosen im Wind und auf der Säule des Brunnens geben Maria und der Heilige Bernhard auf die Besucher acht. An diesem Ort der Stille kann man den Trubel der Stadt hinter sich lassen. Hier, in den jahrhundertalten Gemäuern, spielt die Zeit plötzlich keine Rolle mehr. Hier kann man ganz bei sich sein und Kraft tanken für den Alltag draußen.

- Pfarrkirche St. Mauritius, Stiftskirchenweg 5, 31139 Hildesheim (freier Eintritt)
www.pfarrgemeinde-st-mauritius.de
- ÖPNV: Bus 1, Haltestelle Güldener Löwe

Himmlischer Start

11 Das Café Viva

„Wie immer, bitte!" ist ein Satz, den man im Café Viva immer wieder hört. Hier trifft man sich, hier kennt man sich, und hier kann man bei einem köstlichen Frühstück wunderbar in den Tag starten. Ganz romantisch unter alten Bäumen am Kalenberger Graben liegt das familiengeführte Café. Manche Gäste kommen jeden Morgen hierher, trinken ihr „Wie immer, bitte!" und genießen den frühen Schnack mit ihren Freunden und den Bedienungen. Andere finden das Café zufällig bei ihrem Spaziergang auf dem Kehrwiederwall oder durch die süßen Gässchen von Brühl und Keßlerstraße.

Wen man im Café Viva noch nicht kennt, den lernt man kennen. Und bald sitzen Stammgäste und Ausflügler einträchtig an den Tischen auf der Holzterrasse oder im Strandkorb, genießen den Blick auf die Wallanlagen und die Häuser aus der Jahrhundertwende und können aus einem verlockenden Angebot wählen: buttrige Croissants, die auf der Zunge zerschmelzen, knackige Brötchen in Bio-Qualität und dazu ein fruchtiger, selbst gemachter Erdbeeraufstrich. Oder doch lieber das cremige Haselnuss-Nougat? Wer es deftiger mag, bestellt „Viva's Classic" mit einer leckeren Käse- und Wurstauswahl oder „Viva Italia" mit Tomate-Mozzarella als i-Tüpfelchen. Eine Veggie-Frühstücksvariante gibt es natürlich auch, mit einem vegetarischen Brotaufstrich, dessen Geheimnis an dieser Stelle nicht verraten werden soll, und wer es am allerliebsten vegan mag, kann dies im Vorfeld bestellen. Dazu gibt's muntermachende Kaffeespezialitäten und feinen Tee, der in der Tasse oder im Kännchen serviert wird. Ist die Bestellung aufgegeben, wird der Teller mit Sorgfalt und Liebe im Thekenbereich angerichtet und der Milchschaum künstlerisch auf dem Kaffee platziert. Noch zischt die Kaffeemaschine, pfeift der Wasserkocher und plaudern die Gäste fröhlich auf der Terrasse. Doch sobald das Frühstück serviert wird, wird es an manchen Tischen plötzlich ganz still. Genuss braucht kein Hintergrundgeräusch.

- Café Viva, Lucienvörderstraße 22a, 31134 Hildesheim, Tel. (0 51 21) 9 99 37 44 www.cafeviva.de
- ÖPNV: Bus 4, Haltestelle Bohlweg

Karibik-Feeling

12 Der Hildesheimer Citybeach

Jedes Jahr im Sommer verwandelt sich der Platz An der Lilie hinter dem Rathaus in einen tropischen Karibiktraum. Direkt unterhalb der imposanten Rathaustürme aus Sandstein gibt es feinen weißen Sand, der zwischen den Zehen kribbelt, Palmen, die sanft im Wind rascheln, und strahlenden Sonnenschein, der gute Laune macht. Willkommen am Citybeach! Die chilligen Loungemöbel unter den Arkaden laden zum Verweilen ein, oder macht man es sich doch lieber in einem der Liegestühle auf dem Sand bequem? Egal, für welche Sitzgelegenheit man sich entschieden hat: Jetzt kann der Mini-Urlaub nach Feierabend beginnen. An der Bar hört man leise die Eiswürfel im Shaker klirren und hat die Wahl zwischen Klassikern wie dem Mojito, der in Kuba erfunden wurde, und der puerto-ricanischen Piña Colada oder ausgefallenen Kreationen. Zurück im Liegestuhl, kann man cocktailschlürfend den rockigen und jazzigen Klängen regionaler Künstler lauschen und spätestens, wenn die Bands ihre Percussions, Trompeten und Flöten rausholen und auf der Live-Bühne Salsa spielen, fühlt man sich fast wie in den Straßen von Havanna. Trommelnd und zupfend fliegen die Hände der Musiker über die Instrumente und locken einige Wagemutige zu einem spontanen Tänzchen.

Noch sportlicher wird's beim traditionellen Cornhole-Turnier, bei dem es um nichts weniger als die Meisterschaft geht. Sobald es eines der Zweier-Teams schafft, die kleinen gefüllten Säckchen auf ein schräges Holzbrett zu befördern – oder noch besser: durch das Loch im Holzbrett zu werfen –, ist der Jubel groß. Die Fangemeinde am Spielfeldrand springt begeistert auf, Hände werden abgeklatscht und Anfeuerungsrufe gesungen. Welches Team gewinnt, darüber entscheiden eine ruhige Hand, Konzentration und ein gutes Augenmaß. Und während den einen der Schweiß über die Stirn läuft und jeder Treffer Glücksgefühle auslöst, genießen die anderen entspannt auf ihren Liegestühlen unter Palmen das bunte Treiben.

- Citybeach Hildesheim, Platz An der Lilie, 31134 Hildesheim (geöffnet im Sommer) www.hildesheim.de/citybeach
- ÖPNV: Diverse Busse, Haltestelle Almstor

CITY BEACH
HILDESHEIM
Sparkasse
gbg
VGH
B&S

Urlaub vor der Haustür

13 Das Naturbad Banteln

Kinder juchzen fröhlich, wenn sie von Molchen an den Füßen gekitzelt werden und die Erwachsenen ziehen gemütlich ihre Bahnen im blaugrünen Wasser. Mit Kreativität, Pioniergeist und Beharrlichkeit haben die Bantelner einen Wohlfühlort geschaffen, wo man im Sommer Seele und Füße baumeln lassen kann. Als in den 1990er-Jahren die alte Badeanstalt mit Chlorwasser von den Behörden geschlossen wurde, war den Einwohnern Bantelns schnell klar, dass sie diesen historischen Ort und Treffpunkt, der seit 1928 existierte, unbedingt erhalten wollten. Warum machen wir nicht ein Naturbad draus, und zwar selbst?, dachten sie sich, und schon ging es los. Nach dem Motto Learning by Doing wurden Findlinge aus der Heide herbeigeschafft, Sandsäcke gefüllt, zwei Klärteiche angelegt und Holz für das Restaurant-Gebäude und die Umkleiden aufgetrieben. Letzteres jedoch nicht irgendwo, sondern direkt auf dem EXPO-Gelände in Hannover, beim Schweizer Pavillon. Als die Ausstellung zu Ende war, schenkte die Schweiz dem Naturbad Banteln das robuste Lerchenholz, aus dem sie ihren Pavillon gebaut hatte.

Bei der Gestaltung der Anlage war immer die Frage im Hinterkopf: Was fand man selbst als Kind gut und lustig? Schließlich sollte das Naturbad ein Treffpunkt für alle Bantelner werden. Nach einem Jahr Bauzeit wagten sich mitten im trüben November fünf Hartgesottene zum Anbaden ins frische Wasser. Seitdem lieben die Kids das kleine, aber feine Schwimmbad, fangen Molche mit Käschern, um sie gleich wieder ins Wasser zu lassen, erklimmen die Stufen des Holzturms, um kopfüber ins kühle Nass zu springen, oder hüpfen auf dem Trampolin hoch hinaus. Die Erwachsenen haben endlich Zeit, auf der gemütlichen Liegewiese am plätschernden Bach ein Buch zu lesen oder bei einem kühlen Drink auf der Terrasse den Sonnenuntergang über dem Külf zu beobachten. Das Naturbad Banteln ist ein richtiger Urlaubsort, wo das süße Nichtstun und Verweilen zum Programm gehört, genauso wie das Wassereis für die Kinder am Nachmittag.

- Naturbad Banteln e.V., Rottebachweg 1, 31029 Banteln
  www.naturbad-banteln.de
- ÖPNV: NWB und RE zum Bahnhof Banteln mit Umstieg in Elze

Schlemmen im Wohnzimmer

14

Das Antik-Café Pfannkuchenhaus

Das Antik-Café ist der perfekte Ort für eine kleine Alltagsflucht. Es liegt etwas abseits vom Trubel der Fußgängerzone, in einem kleinen Seitengässchen, und kaum haben wir die Türschwelle dieses ungewöhnlichen Cafés übertreten, tauchen wir ein in eine andere Welt. Plötzlich sind wir im 19. Jahrhundert, in einem urgemütlichen Raum, der an ein Wohnzimmer aus der Gründerzeit erinnert. Bequeme Sofas mit Blumenmustern und weich gepolsterte Stühle mit verschnörkelten Holzrahmen sind um die Tische drapiert, und an den Wänden hängt ein buntes Sammelsurium von Bildern. Wir staunen und suchen uns einen Platz, mitten in diesem Wohnzimmer aus vergangenen Tagen. Aber wir sind nicht nur für die Zeitreise hier, sondern auch für die köstlichen Pfannkuchen, die es im Antik-Café in allen Variationen gibt. Da fällt uns die Auswahl schwer! Soll es der Klassiker mit Apfelmus sein, der uns an unsere Kindheit erinnert, wenn wir Oma besuchten und nicht genug bekommen konnten von dem süßen Teig und dem frischen Mus? Oder vielleicht doch eine salzige Variante mit deftigem Camembert, so wie im letzten Frankreich-Urlaub? Michael Maecker und seine Frau Maria Eugenia Fernandez haben neben den Klassikern auch ausgefallene Sorten im Programm, wie Pizza-Pfannkuchen und Speckpfannkuchen mit Ragout fin. Schließlich soll die Zeitreise auch ein kulinarischer Genuss sein! Wir sind heute Naschkatzen und entscheiden uns für die Variante mit zuckersüßen Kirschen und erfrischendem Vanilleeis. Dazu eine heiße Schokolade mit dem buttrig-nussigen Geschmack von Macadamia. Herrlich! Entspannt sinken wir tiefer in das Gründerzeit-Sofa von 1890 und lassen unseren Blick durch den Raum schweifen. Hier gibt es noch so viel mehr zu entdecken. Immer wieder springen uns liebevolle Details ins Auge, die Schildkrötpuppe aus den 1940er-Jahren, der Holzstich des Knochenhauer-Amtshauses, die kleinen blau-weißen Milchkännchen auf der Fensterbank. Und während im Hintergrund das Pendel der Holzuhr langsam hin und her schwingt, steht für uns die Zeit still.

TIPP

Konditormeister Maecker zaubert auch himmlische Torten und Schwanenwindbeutel!

- Antik-Café Pfannkuchenhaus, Jakobikirchgasse 2, 31134 Hildesheim, Tel. (0 51 21) 3 24 14, www.antik-café.info
- ÖPNV: Bus 3, 4, Haltestelle Kardinal-Bertram-Straße

DAS
GLÜCKSGEFÜHL
DES TAGES

Kulinarischer Mikrokosmos

15 Ein Bummel auf dem Neustädter Markt

Der Neustädter Markt, das ist nicht nur der Name eines Platzes, sondern Synonym für einen der schönsten Wochenmärkte Hildesheims. Immer mittwochs und samstags, früh im Morgengrauen, finden sich die Marktbetreiber auf dem quadratischen Platz ein, richten ihre Waren liebevoll her und erwarten gelassen den Trubel, der sich im Laufe des Tages hier einstellen wird. Da gibt es Obst- und Gemüsestände, mit dem Feinsten, was die Natur gerade zu bieten hat: frischer Spargel vom Feld, knackig-süße Kirschen vom Baum oder die ersten Kartoffeln des Jahres, an denen noch ein klein wenig frische Erde hängt. Da gibt es Eier von freilaufenden Hühnern und verlockende Käsespezialitäten, Bio-Fleischwaren, frisch aufgebrühten Kaffee und fröhliche Blumenarrangements. Und mittendrin: Stände mit wunderschönen handgefertigten Keramikwaren und Holzunikaten.

TIPP
In der St.-Lambert-Kirche gibt es samstags ab 10 Uhr Musik zur Marktzeit.

Probieren ist auf dem Neustädter Markt ausdrücklich erlaubt. Soll es heute Käse aus Kuh-, Schaf-, Büffel- oder Ziegenmilch sein? Und wie wäre es zur Abwechslung mal mit einer alten Tomatensorte wie Ochsenherz oder einer ausgefallenen wie Schokolade? Die Besucher schlendern von einem Stand zum anderen, manche mit Einkaufszettel in der Hand und einer genauen Vorstellung, was sie heute brauchen. Sie freuen sich auf das Geplauder mit dem Beschicker ihres Vertrauens. Der Zettel ist dabei nur pro forma, schließlich wissen beide schon genau, was im Einkaufsbeutel landen wird. Andere lassen sich von ihren Augen und der Nase leiten, kaufen nach Herzenslust und scheuen nicht vor kulinarischen Experimenten in der Küche zurück. Der Neustädter Markt ist ein Mikrokosmos und ein Fest für die Sinne. Man kennt sich, man trifft sich und beim fröhlichen Geplänkel mit dem Beschicker oder beim Kaffeeratsch mit Freunden vergisst man schnell die Welt um sich herum. Dazu die bunten Farben der Waren, ihr köstlicher Duft und ihr frischer Geschmack! Und wer den Trubel lieber von außen betrachtet, kann in einem der angrenzenden Cafés gemütlich seinen Cappuccino schlürfen und die heitere Stimmung genießen.

- Neustädter Markt, 31134 Hildesheim (Mittwoch und Samstag von 6 bis 13 Uhr)
- ÖPNV: Diverse Busse, Haltestelle Schuhstraße

2,95

Sagenhafte Vielfalt

16 Das Naturschutzgebiet „Am roten Steine"

Die ersten Sonnenstrahlen des Tages wärmen langsam die Luft und Vögel zwitschern in den Sträuchern: Der Morgen ist die schönste Tageszeit, um das Naturschutzgebiet „Am roten Steine" zu erkunden. Es liegt ganz in der Nähe des Stadtteils Itzum und der Hauptstraße, aber wer sich um die „Scharfe Ecke" gewagt hat und dieses Natur-Juwel betritt, für den ist die Stadt ganz weit weg. Stattdessen: Ein kleiner Trampelpfad, der die sonnenbeschienenen Hänge erklimmt, summende Bienen und wärmehungrige Pflanzen, die normalerweise nur in südlicheren Gefilden vorkommen. Ein Holzschild markiert den Beginn des Schutzgebietes. Es duftet nach Wildem Majoran und Thymian, Deutscher Ziester streckt seine Blüten in die Luft, und wer im Frühsommer hier ist, kann die wunderschönen Wildrosen am Hang bestaunen.
Wir folgen dem Pfad, der zunächst über eine Pferdekoppel führt. Die braunen Riesen schauen uns neugierig hinterher. Ein Stückchen weiter fließt ein kleiner Quellbach, wir nehmen Anlauf und springen drüber. Auf der anderen Seite schauen wir uns den Boden ganz genau an: Blinkt es irgendwo golden? Einer Sage nach soll der Räuber Schaperjohann hier die Schätze seiner Beutezüge in der Umgebung vergraben haben. Im Boden finden wir nichts, aber dafür fliegt ein Schwalbenschwanz an uns vorbei und beeindruckt uns mit seinem segelnden Flug. Ein Stückchen weiter vorne sirrt eine Prachtlibelle in der Luft. Es ist ein Männchen, das da seine blau-glitzernden Flügel weit ausgebreitet hat. Wir staunen und beobachten und genießen diese ruhige Zeit in der Natur. Nun geht es bergan, den Hang hinauf, und während wir eben noch an der Innerste entlangliefen, stehen wir nun hoch oben über dem Fluss. Gemütlich fließt er durch ein kleines Auenwäldchen zu unseren Füßen dahin. Auch wir machen es uns jetzt gemütlich. Wir breiten die Picknickdecke aus, holen das Frühstück aus dem Rucksack und genießen den wunderschönen Panoramablick auf das Tal der Innerste und der Beuste.

- Naturschutzgebiet „Am roten Steine", 31141 Hildesheim
- ÖPNV: Bus 42, Haltestelle Itzum Scharfe Ecke

Auf Schatzsuche

17 Die Domäne Marienburg

Wer sich der Domäne von Itzum aus nähert, sieht zuerst den imposanten Burgturm und das Hohe Haus, wie sie erhaben an der Innerste liegen. Eine Zwingburg, von der aus der Bauherr, Bischof Heinrich III., im 14. Jahrhundert die Bürger der nahe gelegenen Stadt Hildesheim kontrollierte. Doch spätestens, wenn man die wunderschöne Baumallee betritt, die zur Domäne führt, wandelt sich das Bild. Plötzlich herrscht geschäftiges Treiben, von Geplauder und Lachen im Hintergrund begleitet. Denn die Zeiten der Abschottung sind vorbei; heute ist die Domäne der Kulturcampus der Universität Hildesheim und ein Ort der Begegnung und des Miteinander-Lernens. In der Luft: ein Flair von Kreativität, Offenheit und Inspiration. Hier tobt das Leben, inmitten alter Gemäuer. In dem imposanten Saal, in dem früher Recht gesprochen wurde und der Bischof die Messe hielt, finden heute Vorlesungen mit Powerpoint statt. Aus den ehemaligen Pferdeställen klingen leise Klaviermusik und Gesang.

Die Domäne ist ein Ort des Lernens, des Verweilens, des Genau-Hinguckens. An jeder Ecke gibt es kuriose Details aus vergangenen Epochen zu entdecken, der Besuch gleicht einer Schatzsuche. In der Nähe des Eingangs gibt es ein altes Schwimmbad, das sich die Natur zurückerobert hat. Pflanzen ranken an den Glasfenstern hoch und lassen das Schwimmbecken nur noch erahnen. Ein Stückchen weiter wurden Mitte des 20. Jahrhunderts die Hallen einer Speiseeisfabrik direkt an das alte Gemäuer angedockt, um Baukosten zu sparen. Im Haupthaus kann man auf der mittleren Etage an den Fenstern Stiftspuren entdecken, mit denen jemand die Anzahl der Kornsäcke gezählt hat, die hier zeitweise gelagert wurden. Und dann gibt es noch die Orte, die trotz aller Baumaßnahmen ein Geheimnis geblieben sind. Was sich wohl hinter den verschlossenen Kerkertüren versteckt oder in den kleinen Dachkammern? Wir werden es vielleicht nie erfahren, denn schließlich macht genau dieses Geheimnisvolle und Kuriose den Charme der Domäne aus.

● Domäne Marienburg, Domänenstraße, 31141 Hildesheim
● ÖPNV: Bus 42, Haltestelle Itzum Marienburg

Herrschaftliche Kulissen

18

Ein Spaziergang auf dem Laves-Kulturpfad

Hufgetrappel auf dem weichen, laubbedeckten Boden, fröhliches Vogelgezwitscher in den Bäumen und die Diener in Positur. Zwischen den Bäumen erscheint die Kutsche mit Graf Ernst zu Münster, denn hier, im Kaminzimmer im Griechischen Tempel, hoch über dem Tal der Innerste und Nette, frönt er am liebsten der englischen Teetradition. Manchmal kommt er zu Fuß hierher, manchmal, so wie heute, mit der Kutsche. Aber immer ist es für ihn ein Moment der Ruhe, des Innehaltens in seinem geschäftigen Leben als Graf.

Fast 200 Jahre später stehen wir vor dem Griechischen Tempel, das Weiß ist im Laufe der Jahre etwas dunkler geworden, und Bäume verdecken die Aussicht. Doch ein Ort der Stille ist der Tempel immer noch. Und gleichzeitig ist er ein Ort des Staunens, was der Graf mithilfe seiner Architekten – allen voran der berühmte Georg Ludwig Friedrich Laves aus Hannover – hier geschaffen hat: ein wunderschönes Schloss, in den uralten Mauern eines Zisterzienser-Klosters und einen englischen Landschaftspark mit ungewöhnlichen Kulturdenkmälern. Ein weiteres davon ist die geschwungene Laves-Brücke über der Nette. Ein kunstvoller Linsenträger aus Eisen trägt die Brücke in typischer Laves-Manier. Das Prinzip hatte sich der Architekt im Jahr 1835 patentieren lassen. Leise knarren die Eichenholzbohlen, als wir hinüberschlendern, und die Nette plätschert im Hintergrund.

TIPP

Im „Café im Glashaus" gibt es leckeren Kaffee und Kuchen.

Lange Zeit waren der Park und seine ungewöhnlichen Gebäude im Dornröschenschlaf versunken, überwuchert von Knöterich, Wein und Brombeerranken. Bis in den 1980er-Jahren der Laves-Kulturpfad entstand, auf dem wir heute auf den Spuren der Mönche und Adeligen wandeln können. Auf einer der Bänke an den Teichanlagen machen wir Rast, lauschen dem Schnattern der Enten und beobachten den Kormoran, der auf der Suche nach Futter seine Bahnen am Himmel zieht. Das Schilf raschelt leise, und wir stellen uns vor, wie der Graf seine Wilhelmina zu einem romantischen Bootsausflug bei Sonnenuntergang auf dem See ausführte.

● Laves-Kulturpfad, Schloßstraße 17, 31188 Holle (der Rundweg startet am Glashaus und ist 2,5 Kilometer lang), www.derneburg.de/laves-kulturpfad ● ÖPNV: RE nach Derneburg

Den eigenen Weg finden

19 Das Rosenlabyrinth

Ein Schritt, noch einer und noch einer. So viele, bis man in der Mitte ist. Und dort landet man im Hildesheimer Rosenlabyrinth immer, denn ein Labyrinth ist kein Irrweg! Manchmal geht man Umwege, wie im wahren Leben auch, aber der Weg führt immer ans Ziel. Doch was ist eigentlich das Ziel? Die Mitte? Der Weg an sich? Das Rosenlabyrinth ist ein wunderbarer Ort zum Nachdenken und Antworten finden. Aber es ist genauso gut ein Ort, um die Gedanken auch einfach mal auszuschalten, zur Ruhe zu kommen und in der Mitte, auf der gepflasterten Rose, die Kraft dieses Ortes auf sich wirken zu lassen. Tief durchatmen, sich zentrieren, weitergehen.

Das Labyrinth ist auch ein Ort der Freiheit, der für alle zugänglich ist, eine Anleitung für die Benutzung gibt es nicht. Ob schnellen Schrittes, langsam, tanzend oder singend, jeder kann hier den Weg auf seine Weise gehen. Das war der Wunsch der Fraueninitiative Frauen-Labyrinth-Projekt Region Hildesheim e. V., die das Labyrinth 2006 anlegen ließ und nach der Hildesheimer Rose benannte. Und so sieht man hier auch kleine Kinder, die die Wege juchzend mit ihrem Laufrad gehen oder Sportgruppen der nahe gelegenen Schule, die das Labyrinth auf ihrer Joggingrunde ablaufen. Immerhin geht es 300 Meter hinein und genauso viele hinaus! Dass jemand den Weg verlässt, geschieht selten. Vielleicht, weil die Neugierde zu groß ist, sobald man den ersten Schritt auf den Kiesweg gesetzt hat? Dann will man wissen, wie es weitergeht, wohin der verschlungene Weg führt. Manchmal denkt man, er wäre zu Ende, weil man wieder am Rand angelangt ist, dann heißt es: einfach weitergehen. Schritt für Schritt. Wer das Labyrinth durchschreitet, spürt die Wärme und die Nähe zu sich selbst. Und die Nähe zu den anderen. Denn das Labyrinth ist auch ein Ort der Begegnung. Ob spontan bei einem Spaziergang oder bei den Jahreszeitenfesten und kulturellen Veranstaltungen des Vereins.

- Rosenlabyrinth im Ernst-Ehrlicher-Park, 31134 Hildesheim
  www.labyrinthprojekt-hildesheim.de
- ÖPNV: Bus 2, Haltestelle Goschenstraße

Köstliches Kulturerbe

20 Die Pizzeria Bestia

Vorsichtig greifen Daumen und Zeigefinger die dunkle Kruste, biegen das rot-weiß-grüne Pizzastück sachte nach oben, der Fior di Latte zieht Fäden, und da ist er, der schönste Moment des Tages: Wenn sich der wohlige Geschmack nach leicht salzigem Hefeteig, sonnengereiften Tomaten und cremigem Mozzarella langsam im Mund ausbreitet. Willkommen in Bella Italia! Genauer gesagt im Süden, ganz im Süden, in Neapel. Denn in der Pizzeria Bestia wird nicht irgendeine Pizza serviert, sondern die Mutter aller Pizzen, und die stammt nun mal aus Neapel. Seit 2017 gehört die Kunst der neapolitanischen Pizzabäcker zum UNESCO-Weltkulturerbe, und der Verband mit dem wohlklingenden Namen Associazione Verace Pizza Napoletana wacht streng darüber, dass die zertifizierten Pizzerien die Qualitätsstandards einhalten. Die Pizzeria Bestia ist eine dieser Pizzerien, und wer das Restaurant betritt, spürt sofort: Hier wird das Backen als Kunst verstanden und mit viel Liebe und Leidenschaft umgesetzt. Bedächtig wird der vorbereitete Teig mit den Händen auseinandergezogen, dann geflappt, damit die Pizza ihre typische runde Form und den leckeren Teigrand erhält, und schließlich mit ausgewählten Zutaten belegt. Empfehlung des Hauses: Pizza Margherita, die Königsklasse unter den Pizzen, denn hier, bei einer Pizza, die auf ihre Grundzutaten Mehl, Hefe, Salz, Tomaten, Käse, Olivenöl und Basilikum reduziert ist, zeigt sich das wahre Geschick eines Pizzabäckers. Dann geht es für 60 bis 90 Sekunden in den handgefertigten Steinofen von Stefan Ferrara – natürlich ebenfalls aus Neapel – und schon ist die authentische neapolitanische Pizza bereit für den Genuss. Und während die Pizza auf dem Teller schrumpft, mischen sich italienische Wörter mit deutschen, wird an den Tischen herzlich gelacht, und im Hintergrund ertönt leise italienische Musik über die Liebe und das Leben. Klingt kitschig? Vielleicht ein kleines bisschen, aber gerade deshalb macht ein Abend in der Pizzeria Bestia so viel Spaß!

- Pizzeria Bestia, Annenstraße 22–24, 31134 Hildesheim, Tel. (0 51 21) 9 81 23 15
www.bestiahildesheim.de
- ÖPNV: Bus 1, Haltestelle HAWK-Campus

Maschenglück

21 Der Wollladen Strickbar

Klick, klick, klick klappern leise die Bambusnadeln, eine Masche rechts, eine Masche links, und während das Wollknäuel schrumpft und schrumpft, wird der Schal immer länger. Und wenn er zu einem kuscheligen Schlauch im Patentmuster geworden ist, der an kalten Tagen herrlich wärmt, legt ihn Kathrin Marx sorgsam ins Schaufenster ihres Ladens Strickbar. Doch der pastellfarbene Schal ist keine Zierde. Jedes Mal, wenn ein Kunde bei seinem Schalprojekt Unterstützung braucht, zaubert sie ihn hervor, und dann wird gefachsimpelt: Welche Wolle darf's sein – robustes Alpaka oder doch lieber samtweiches Kaschmir? Wie viele Maschen müssen angeschlagen werden und welche Stärke sollen die Nadeln haben? Die Strickbar ist viel mehr als nur ein Ort zum Wolle kaufen. Es ist ein Ort, wo Ideen für Lieblingsstücke entstehen und man bei Fragen Antworten findet. Sei es der kuschelige Schal, ein trendiger Pullover, den man neulich im Schaufenster gesehen hat, oder ein süßer Strampler für das Enkelkind. Denn die Erfahrung zeigt: Selbst, wenn man die Angaben bei den Modellen in den Heften genau einhält, kommt nicht immer das heraus, was man sich gewünscht hat. Da braucht es auch viel Erfahrung und ein gutes Auge, und das findet man bei Kathrin Marx.

Wie herrlich es ist, durch den Laden zu schlendern und zu überlegen, was man als Nächstes stricken möchte! Ganz vorne, direkt am Eingang stapelt sich die Sockenwolle von Lana Grossa und Opal in all ihren Farben und Mustern. Hier kommt es schon einmal vor, dass sich ein Kunde seine Lieblingswolle schnappt, „Einmal blaue Strumpfwolle, Frau Marx, Zettel brauche ich nicht, Geld liegt hier!" ruft, und schwupps, ist er wieder draußen. Weiter hinten findet sich ein Sammelsurium an allem, was das Herz an Kleidung und Accessoires begehrt, ob unifarben oder in quietschbunten Farbkombinationen. Und wenn man sich entschieden hat und wieder vorne im Laden ist, Wolle, Nadeln, Anleitung in der Hand und kribbelige Vorfreude im Bauch, dann ist das Glück pur.

- Strickbar, Schuhstraße 11, 31134 Hildesheim, Tel. (0 51 21) 9 99 47 87 https://strickbar-hildesheim.de.tl
- ÖPNV: Bus 2, Haltestelle Hildesheim Bohlweg

Brotkultur vom Feinsten

22 Die Herr von Myra Brotmanufaktur

Wer durch die alte Holztür in das kleine Fachwerkhaus am Marktplatz tritt, den empfangen wohlige Wärme und der würzige Duft nach frischem Brot. Gleich rechts, vor den großen Fenstern, laden gemütliche Bänke zum Naschen und Verweilen ein. Dahinter: Die Theke mit ihren köstlichen Schätzen und die offene Backstube, in der geknetet, gerollt, gefaltet und gebacken wird. Zusatzstoffe oder gar Fertigmischungen wird man hier nicht finden. Stattdessen: Bäcker, die ihr Handwerk lieben, den Sauerteig selbst ansetzen und geduldig abwarten, bis die Laibe lange genug geruht haben, um weiterverarbeitet zu werden. Neben den guten Zutaten ist Zeit wohl das größte Geheimnis des köstlichen Geschmacks.
Saftig und aromatisch sind die Brote, und durch die Handarbeit und das Backen im Steinofen ist jeder Laib ein Unikat. Persönliches Glück, sozusagen. Jeder Wochentag birgt einen neuen Schatz, mal gibt es Brot aus Einkorn, mal aus Emmer oder Kamut. Das Besondere an diesen Urgetreiden: Sie sind sehr aromatisch und gut verträglich. Das Mehl kommt aus zwei Mühlen in der Region, und auch die restlichen Zutaten für die Frühstücke und Brotzeiten werden von regionalen Partnern bezogen. Aber wer ist denn eigentlich dieser Herr von Myra, nachdem die Brotmanufaktur benannt ist? Nikolaus von Myra ist sein voller Name und damit das Geheimnis gelüftet: Denn der heilige Nikolaus, der im Dezember Geschenke bringt, ist auch der Schutzpatron der Bäcker. Gebacken wird in einem Steinofen aus Eiffeler Tuffstein, einem porösen Gestein, in dem das Brot schön gleichmäßig gebacken werden kann. Aber nicht nur Brotliebhaber kommen in der Brotmanufaktur auf ihre Kosten. Für Naschkatzen gibt es herrlich buttrige französische Croissants, die von den Bäckern geduldig ein ums andere Mal gefaltet werden, um ihre feine Konsistenz zu erhalten, und köstliche Buchteln aus Milch, Ei, Hefe und Mehl mit süßen Rosinen oder zart schmelzender Schokolade. Was darf's heute sein?

- Herr von Myra Brotmanufaktur, Rathausstraße 25, 31134 Hildesheim, Tel. (0 51 21) 1 74 02 20, www.herr-von-myra.de
- ÖPNV: Diverse Busse, Haltestelle Kardinal-Bertram-Straße

Elsässer
Mediterran
Vegetarisch
Westfälisch
Lachs
Normandie
Spezial
Lachs

Design zum Wohlfühlen

23 Die Galerie ZEHN

Sanft streichen die Hände über den weichen Wollstoff und das applizierte, tiefrote Blumenmuster, es duftet leicht nach Dinkelspelz. Die wunderschönen Sitz- und Meditationskissen gehören zu den Objekten, die in liebevoller Detailarbeit entstanden sind, und in der Galerie ZEHN angeboten werden. Die ZEHN im Namen der Galerie kommt nicht von ungefähr: Im Ursprung waren es zehn Werkstätten, die sich zusammentaten, um ihre Kunstwerke auszustellen. Was als temporäre Galerie für die Herbst- und Weihnachtsmonate gedacht war, lief so gut und machte den Frauen so viel Freude, dass die Galerie ZEHN inzwischen eine dauerhafte Institution für raffiniertes und liebevolles Kunsthandwerk geworden ist.

In dem kleinen, feinen Lädchen in der Scheelenstraße ist es hell und freundlich – und farbenfroh. Wenn einer der drei Galerie-Hunde anwesend ist, wird man auch gerne mal schwanzwedelnd begrüßt. So viel gibt es hier zu sehen! Die bunten Kissen, filigraner Schmuck aus Silber, Gold und bearbeiteten Naturmaterialien, poppige Glasmagnettafeln mit Accessoires aus uralter Eiche, Mode, die klare und klassische Linien mit Siebdruck und Aquarelltechniken verbindet, und minimalistische Taschen aus Leder, Fell oder Kork. Wer den Blick über die Objekte streifen lässt, die feinen Details wahrnimmt, das hochwertige Material berührt, der vergisst schon einmal die Zeit und versinkt ganz im Moment und der Schönheit der Objekte. Heute stellen acht Kunsthandwerkerinnen dauerhaft ihre Arbeiten in der Galerie ZEHN aus, dazu kommen verschiedene Gastkunsthandwerkerinnen und -kunsthandwerker. Die Bestückung der Galerie ist ständig im Wandel, ob durch die Produkte der Gäste oder, weil im Zusammenspiel von Kundinnen und Kunden, Objekt und Künstlerin neue Ideen entstanden sind. So wie bei den wunderschönen Formen aus zartem Silber, die eigentlich als Lesezeichen gedacht waren, aber inzwischen von den Kunden am liebsten als Brosche verwendet werden.

TIPP

Die Galerie ZEHN bietet Kurse zum Erlernen der Grundtechniken des Goldschmiedens und des Siebdrucks an.

● Galerie ZEHN, Scheelenstraße 10, 31134 Hildesheim, Tel. (0 51 21) 7 55 45 12
www.galeriezehn.de

● ÖPNV: Diverse Busse, Haltestelle Schuhstraße

Krafttanken im Wald

24 Die Reuberghütte bei Warzen

Mitten im Wald, auf einer kleinen Lichtung auf dem Reuberg, da liegt sie: die gleichnamige Hütte. Wir sind von Brunkensen gekommen, sind dem Ith-Hils-Weg gefolgt. Über kleine Trampelpfade, auf denen das Laub unter unseren Füßen knisterte, zunächst stetig nach oben durch bunten Mischwald, später mal hoch, mal runter und durch düsteren Tannenwald. Irgendwann verbreiterte sich der Pfad, wurde zum Schotterweg, und schließlich entdeckten wir sie versteckt hinter den Bäumen: unseren Rastplatz, unseren Ort zum Krafttanken, die Reuberghütte.

Seit 1976 schon liegt sie da, malerisch zwischen den ausladenden Bäumen und ist im Wesentlichen noch genauso wie damals. Nur der Kamin ist neu, denn hier oben kann's im Winter manchmal richtig kalt werden. Die Waldläufer, die seit Jahrzehnten auf den Reuberg kommen, um das Wild zu beobachten, haben die Hütte aus Holz errichtet, als Rastplatz auf ihren Touren und als Schutzhütte für Wanderer. Wir betreten die Hütte, und als sich unsere Augen an das leicht schummerige Licht, das durch die Fenster fällt, gewöhnt haben, entdecken wir die witzigen Details, mit denen die Hütte ausgestattet ist: ein quietschorangenes Telefon mit Drehscheibe, darüber ein altes „Fernsprecher"-Schild mit stilisiertem Telefonhörer, ein selbst geschriebenes Gedicht über die Heimat im Leinebergland und rote Kerzen auf braunem Sand in Einmachgläsern. Die Reuberghütte ist ein Ort zum Innehalten, Aufwärmen und Ins-Gespräch-Kommen. „Wo kommt ihr denn her und wo geht's heute noch hin?" sind die wichtigsten Fragen zwischen Wanderern, die sich hier zufällig begegnen. Die Waldläufer sorgen übrigens auch dafür, dass es immer gehacktes Holz gibt, das die rastenden Wanderer gegen einen kleinen Obolus verwenden können. Dann schweben auf dem Vorplatz kleine Äste über dem Lagerfeuer, auf denen knusprig-frisches Stockbrot gebacken wird, und an besonders kalten Tagen bullert ein wärmendes Feuer im Ofen, das die Gespräche leise mit seinem Knistern begleitet.

TIPP

Bei der Lippoldshöhle bei Brunkensen parken und den Schildern „Ith-Hils-Weg" bis zur Hütte folgen.

● Reuberghütte, Glenetalstraße 103, 31061 Alfeld (Leine)
(Parkplatz Lippoldshöhle, von hier aus sind es ca. 45 Gehminuten)
www.alfeld.de/kultur-tourismus/wander-und-schutzhuetten

Herausragendes Geschenk

25 Das Schloss Marienburg

Was für ein Geschenk! Nichts weniger als ein märchenhaftes Schloss widmete Georg V., seines Zeichens König von Hannover, seiner geliebten Marie zu ihrem 39. Geburtstag im Jahr 1857. Der Clou: Das Schloss war noch nicht gebaut, und so konnte Königin Marie es ganz nach ihrem Geschmack errichten lassen. Sie entschied sich für ein Schloss in neugotischem Stil, mit Türmchen und Erkern, verspielten Ornamenten und verwinkelten Gängen. Ein richtiges Märchenschloss, das hoch oben auf dem Schulenburger Berg entstand, der kurzerhand nach der Königin in „Marienberg" umbenannt wurde. „Mein kleines Eldorado", nannte Marie liebevoll den Sommersitz. Und auch wenn sie aufgrund politischer Umbrüche nur kurzzeitig hier wohnen konnte, versteht man bei einem Rundgang durch das Schloss nur allzu gut, warum sie sich hier so wohlgefühlt hat. Lichtdurchflutete Räume mit herrlichem Blick ins malerische Leinetal, filigrane Möbel aus exquisitem Rosenholz und amerikanischem Nussbaum und gemütliche Nischen zum Entspannen und Verweilen.
Am meisten Spaß macht der Besuch der Marienburg, wenn man Zeit mitbringt. Zeit, die wundervollen Details wahrzunehmen, Zeit, durch die Räume zu schlendern und ein Gefühl von Größe zu spüren und Zeit, den kleinen Spazierweg durch den Wald um das Schloss herum zu nehmen, um den Bau in all seiner Pracht auf sich wirken zu lassen. Besonders faszinierend ist die Bibliothek der Königin, ein kreisrunder Raum mit kunstvoller Decke in Himmelblau und dekorativ bemalten Bögen. Hier hat man das Gefühl, unter dem Himmelszelt zu schlendern. Ein Stückchen weiter, im Salon der Prinzessinnen, befindet sich der behaglichste Ort des ganzen Schlosses: ein viereckiger Erker, in den sanft das Sonnenlicht durch die verzierten Fenster fällt und dessen umlaufende Sitzbank mit kuscheligen Kissen zu Stunden der Muße einlädt. Wer ganz genau hinschaut und die Ohren spitzt, kann vielleicht sogar sehen und hören, wie Königin Marie ihrer Tochter Mary leise aus einem Buch vorliest.

- Schloss Marienburg, Marienberg 1, 30982 Pattensen, Tel. (0 50 69) 34 80 00
  www.schloss-marienburg.de
- ÖPNV: RB nach Nordstemmen (rund 3 Kilometer zu Fuß oder mit dem Taxi)

Genuss und Geborgenheit

26 das kleine röstwerk

Es ist tropisch warm, Papageien keckern in den Bäumen, üppige Bergwälder reichen bis an den Horizont. Genau hier, mitten in Peru, beginnt die Geschichte unseres Kaffees, den wir viele Monate und Kilometer später in dem entspannten Ambiente des kleinen röstwerk genüsslich trinken. In der exotischen Welt zwischen Anden und Dschungel liegt die Region Oxapampa mit ihren fruchtbaren Böden und die grünglänzende Kaffeeplantage der Finca Rosenheim. Das Klima, die Höhenlage, die Bodenverhältnisse – all das spielt für den Geschmack des Kaffees eine wichtige Rolle. Genauso wie die Aufbereitung vor Ort, darunter die Fermentation, die die fruchtige Note unterstreicht, und die Trocknung.

Gut verpackt in Jutesäcke machen sich schließlich die Kaffeebohnen auf den Weg nach Hildesheim. Im Obergeschoss des niedlichen Fachwerkhäuschen „Zuckerhut", das zum kleinen röstwerk gehört, werden sie geröstet, circa 20 Minuten lang, damit sie genug Zeit haben, ihre aromatischen Besonderheiten zu entfalten. Mit Erfahrung und Fingerspitzengefühl entscheiden die Röster, wann es Zeit ist, aufzuhören. Direkt gegenüber, in der Kaffeebar, geben die Baristi dem Kaffee seinen finalen Touch. Und nun steht er vor uns, frisch aufgebrüht in einer Stempelkanne. Vorsichtig gießen wir ihn in die Tassen, spüren die Wärme an den Fingern und nehmen einen Schluck. Kann man Sorgfalt und Liebe schmecken? Wir sind der Meinung: Ja! Fruchtig-vollmundig und einfach nur köstlich ist der Kaffee aus Peru. Wir genießen die kleine Alltagsflucht in der wunderschönen Atmosphäre des kleinen röstwerk in vollen Zügen. So, wie unser Kaffee ein Naturprodukt ist, strahlt auch die liebevolle Einrichtung mit ihren sanften Tönen von Braun, Orange und Grün Erdverbundenheit aus. Im hinteren Bereich gibt es eine kleine Spielecke für Kinder, und Bilder der Finca Rosenheim in Peru hängen an den Wänden. Wir fühlen uns geborgen, plaudern, lachen, bestellen noch ein Stück Kuchen, merken nicht, wie die Zeit verfliegt.

● das kleine röstwerk, Andreasplatz 20, 31134 Hildesheim, Tel. (0 51 21) 9 89 10 40
www.daskleineroestwerk.de
● ÖPNV: Diverse Busse, Haltestelle Schuhstraße

Zwischen Natur und Kultur

27 Das Hofcafé Domäne Marienburg

Mitten auf dem Gelände der Domäne Marienburg liegt das wunderschöne gleichnamige Hofcafé. Wer ein bisschen Trubel mag, der findet am besten einen Platz unter den ausladenden Platanen auf der Vorderseite des Cafés. Von hier aus kann man wunderbar das bunte Treiben auf dem Kulturcampus beobachten – und hören. Denn in den ehemaligen Pferdeställen nebenan liegen die Übungsräume der Musikstudierenden, und oft wehen leise Gesang und Klaviermusik herüber. Wer lieber in der Natur ist, für den ist die Sonnenterrasse auf der Rückseite des Gebäudes perfekt: Von hier aus hat man einen herrlichen Blick auf die Innersteaue, der Wind streicht sanft durch die Obstbäume im Garten, und die Vögel zwitschern fröhlich. Wer möchte, kann sich sogar eine Picknickdecke ausleihen und Kaffee und Kuchen unter dem Schatten der Apfelbäume genießen. Das außergewöhnliche Ambiente – mitten in der Natur und gleichzeitig mitten auf einem trubeligen Unicampus – macht das Hofcafé zu einem ganz besonderen Ort.

TIPP

Beim täglichen Mittagstisch gibt's leckere herzhafte Gerichte.

Hinter dem Hofcafé steckt Konditor Helge Peinzger, der sich vor vielen Jahren in die Domäne verliebte und die Idee für ein Café auf dem Gelände hatte. Ganz im Sinne eines Hofes wird im Café aus regionalen Zutaten allerlei Köstliches selbst gemacht: schokoladige Sachertorten mit rosa Pfeffer und Aprikosenmarmelade, Heidelbeerkuchen mit buttrigen Streuseln und zur Mittagszeit wechselnde warme Gerichte. Dazu auf den Tischen wunderschöne Sträuße, die aussehen, als hätte sie gerade jemand beim Spaziergang an der Innerste gepflückt. Wie auf einem Hof begegnen sich auch hier die Generationen. Ob Familien mit Kindern, die auf dem Innersteradweg hergekommen sind, Studierende und Dozierende, die zwischen zwei Vorlesungen eine Pause haben, oder Rentner, die sich auf einen gemütlichen Kaffeeplausch treffen. Und das Schönste: Die offene und herzliche Stimmung trägt dazu bei, dass die Gespräche auch schon einmal tischübergreifend stattfinden.

- Hofcafé Domäne Marienburg, Domänenstraße 14, 31141 Hildesheim
- ÖPNV: Bus 42, Haltestelle Itzum Marienburg

Badespaß pur

28 Die JoWiese

Leise knistert die Tüte, während eine Pommes nach der anderen erst im Ketchup eingetunkt wird und dann im Mund verschwindet. Huch, schon ist die Familien-Portion leer … Pommes und Freibad, das gehört so zusammen wie Sommer und Sonnenschein. Aber gleich ist die Verschnaufpause vorbei, und es geht weiter. Denn die JoWiese ist Bade- und Freizeitspaß pur, und es gibt noch so viel zu entdecken! Einmal die Kurven der blauen Wasserrutsche entlangschlittern oder zweimal, oder dreimal, und am Ende mit einem Platsch im kalten Wasser landen. Oder vom Sprungturm springen, von einem Meter, von dreien, von fünfen, und für eine Millisekunde in der Luft schweben, bevor man ins kristallblaue Wasser eintaucht. Quietschbunte Sonnenschirmchen zieren die Liegewiese, es duftet nach Sonnencreme, Pommes und Crêpes, und das Wasser glitzert in der Sonne.
Ein Tag auf der JoWiese macht einfach Spaß! Ob man sich einen Schattenplatz unter den ausladenden Kastanien gesucht hat oder die warmen Sonnenstrahlen auf der Haut genießt, vom Platz auf der karierten Picknickdecke aus gibt's viel zu sehen. Die neueste Bademode zum Beispiel oder spannende Matches an der Tischtennisplatte. Und hat man genug geguckt, geht es wieder Richtung Schwimmbecken für eine Runde Abkühlen. Die JoWiese ist groß, so groß, dass es Wegweiser gibt. Aber verlieren kann man sich hier trotzdem nicht. Dort, wo das Jauchzen und Gelächter am größten sind, sind die Schwimmbecken, der WiesenImbiss befindet sich in Richtung des Dufts nach leckeren Snacks und Kaffeespezialitäten, und dort, wo es ruhiger zugeht, ist der Hohnsensee. Über einen feinen Sandstrand geht's in den naturbelassenen See, wo man in aller Stille seine Runden ziehen kann. Aber egal, für welchen Schwimmbereich man sich entschieden hat: Der Moment, wenn man aus dem Wasser steigt, die kleinen, kühlen Tropfen von der Haut perlen und die Sonne einen wieder aufwärmt, ist überall gleich großartig.

● JoWiese, Lucienvörder Allee 1, 31139 Hildesheim, Tel. (0 51 21) 2 81 51 12
www.jo-wiese.de
● ÖPNV: Bus 3, Haltestelle Dammtor

29 Die Keßlerstraße

Bunte Fachwerkhäuschen reihen sich aneinander, an den Fassaden blühen zarte Rosen, vor den Fenstern hängen Kästen mit üppigen Blumen. Willkommen in der Keßlerstraße! Diese Straße ist etwas ganz Besonderes, denn sie ist einer der wenigen Orte im Stadtgebiet, die von der Zerstörung im Zweiten Weltkrieg weitestgehend verschont geblieben sind. Hier spürt man noch den Hauch der alten Zeiten, genauer gesagt des Mittelalters, als hier vor allem die Kesselflicker lebten und arbeiteten. Von ihnen leitet sich auch der Name der Straße ab. Wer durch eines der kleinen Fensterchen schaut, kann sich gut vorstellen, wie die Kesselflicker in ihren Werkstätten saßen, zwischen rußigen Töpfen und Pfannen aus Kupfer, neben sich ihr wertvolles Werkzeug. Kerzen beleuchteten ihren Arbeitsplatz. Vorsichtig löteten sie Löcher und verzinnten die Kessel neu oder dickten die Böden der Töpfe wieder auf und machten ihre Kunden damit glücklich. Schließlich konnte es sich damals kaum jemand leisten, einen neuen Kessel zu kaufen, wenn der alte kaputt war. Doch dank der Arbeit der Kesselflicker konnten Töpfe und Kessel jahrzehntelang benutzt werden.
Die Keßlerstraße, das ist das „Hildesheim der kleinen Leute", der Handwerker, die sich hier ab dem 14. Jahrhundert ansiedelten. Die Häuser sind nicht prunkvoll verziert, wie in der Altstadt, stattdessen kann man hier und da noch die großen Torbögen erahnen, durch die die Pferdefuhrwerke Waren und Lebensmittel in die Innenhöfe brachten. Und vielleicht fühlt man sich gerade deshalb so wohl hier, weil man in der Keßlerstraße den Alltag spürt, so, wie er für die Mehrheit der Menschen damals war. Heute werden die Häuser liebevoll von ihren Bewohnern in Schuss gehalten, das alte Fachwerk erstrahlt in bunten Farben, vom klassischen Dunkelbraun bis hin zum sonnigen Gelb, Zahlen über den Eingängen verraten das Baujahr, und Bänke vor den Häusern laden zum Sitzen und Träumen von den anderen Zeiten ein.

- Keßlerstraße, 31134 Hildesheim
- ÖPNV: Bus 1, Haltestelle HAWK-Campus

Rosenverliebt

30

Der Rosengarten von Susanne Mewes

Mit kugeligen Pomponblüten in sattem Dunkellila, feinem Duft und einem wohlklingenden französischen Namen – *Rosa centifolia a fleurs doubles violettes* – begann vor vielen Jahren Susanne Mewes Leidenschaft für Historische Rosen. Heute ist ihr Rosengarten eine duftende Oase in der Stadt, die man im Rahmen der Offenen Gartenpforte besuchen kann. Durch üppigen Blauregen, der die Gartenpforte umrankt, geht es hinein ins Rosenmeer. An jeder Ecke gibt es etwas zu entdecken: An der Hauswand sind die blauen Fensterläden fast vollständig von zartrosa Blüten bedeckt, und in der Rosenhecke am Eingang versteckt sich ein Vogelhäuschen. Ein Stückchen weiter rankt *Paul's Himalayan Musk Rambler* in den Birnbaum hinein und lässt ihn mit seinen roséfarbenen Blüten erstrahlen. Ein Kiesweg führt tiefer hinein in den Garten, vorbei an lauschigen Ecken mit gemütlichen Sitzgelegenheiten und durch das Unterholz, das mit einer Kerze beleuchtet wird, zur nächsten Lichtung.

TIPP

In kleinem Rahmen werden auch Rosen zum Verkauf angeboten.

Mit viel Leidenschaft und Begeisterung hat Susanne Mewes den Garten angelegt, der mit dem Haus aus den 1920er-Jahren ein wunderschönes Ensemble bildet. „Hauptsache grün" war ihr Motto am Anfang, bis sie ihre Liebe für Historische Rosen entdeckte und anfing, sie zu sammeln. *Gallica-Rose, Bourbon-Rose, Russeliana* verkünden die kleinen Schildchen an den Pflanzen. Insgesamt gibt es im Garten mehr als 180 Rosen, davon 120 Historische! Dazu Obstbäume, Lavendel, Frauenmantel, Flieder und noch viele grüne Geheimnisse mehr, die entdeckt werden wollen. Von der urigen Strandhütte mit plätscherndem Brunnen und der Terrasse im hinteren Bereich des Gartens hat man die beste Sicht auf Haus und Garten und kann die Schönheit der Natur entspannt auf sich wirken lassen. Im Hintergrund summen die Bienen, die im Insektenhotel bei der Waschküche leben. Was dort ebenfalls seinen Platz gefunden hat: na klar, eine Rose, und zwar die vorwitzige *Paul's Scarlet Climber*, die aus dem Holz klettert.

● Susanne Mewes, 31135 Hildesheim, Tel. (01 63) 4 31 04 02
(Besichtigung von ca. Mai bis Mitte Juni im Rahmen der Offenen Gartenpforte oder nach telefonischer Anmeldung)

Kino mit Flair

31 Die Gronauer Lichtspiele

Die breiten Holztüren schwingen auf, und im Foyer begrüßen uns die lebensgroßen Statuen von Laurel und Hardy alias Dick und Doof. Die Gronauer Lichtspiele sind ein Kleinod im Fünfzigerjahre-Flair. Wer hierherkommt, tut das nicht nur wegen der Filme, sondern auch wegen des ungewöhnlichen Ambientes. Seit über 100 Jahren werden hier schon Filme gezeigt. 1919 fing alles als Wanderkino mit Stummfilmen an. Noch heute steht auf der großen Bühne ein Klavier, denn manchmal wird die Tradition der Stummfilme in den Gronauer Lichtspielen wieder aufgeweckt! Seine Glanzzeit erlebte das Kino in den 1950er- und 1960er-Jahren, aus denen der größte Teil der Einrichtung stammt. Als der Fernseher Einzug in die Wohnzimmer der Menschen hielt, wurden die Gäste weniger.

TIPP

Im Sommer bieten die Gronauer Lichtspiele Open-Air-Kino an.

Heute hat das Kino gut 100 Plätze, und zwar 100 ganz besondere: Die Sitze stammen nämlich aus dem berühmten Kino Delphi in Berlin, und so mancher hochrangige Politiker hat in den gemütlichen, grauen Sesseln schon seinen Abend verbracht. An dem kleinen Tresen machen wir Halt, denn was wäre ein Kinobesuch ohne zuckersüße Cola und knackiges Popcorn? Um uns herum unterhalten sich die anderen Gäste. Viele von ihnen kommen oft hierher, man kennt sich, und der Raum vibriert vor Stimmengemurmel und Vorfreude auf einen schönen Abend. Wir finden einen Platz hinten in der Loge, wo man vor den Blicken der anderen geschützt ist, aber selbst alles bestens im Blick hat. Das Programm ist eine bunte Mischung aus Mainstream, Klassikern und Programmfilmen, heiteren, traurigen und inspirierenden Filmen. Bei der Reihe „Kaffeekino" gibt's vor der Vorführung Kaffee und Kuchen im Foyer, bei „Reiselust" wird die Sehnsucht nach fernen Ländern geweckt, und oft sind die Filmemacher vor Ort und können mit Fragen gequizzt werden. Wir haben uns heute für eine normale Vorstellung mit französischem Feelgood-Movie entschieden. Als die ersten Töne des Vorspanns erklingen, sinken wir tiefer in die weichen Sessel und knabbern zufrieden unser Popcorn.

● Gronauer Lichtspiele, Bahnhofstraße 11, 31028 Gronau (Leine), Tel. (0 51 82) 90 38 48, www.kulturkreisgronau.de
● ÖPNV: Bus 51, Haltestelle Gronau/Markt

Bühne frei!

32 Der Pflasterzauber

Jedes Jahr im Sommer wird die Hildesheimer Innenstadt für ein paar Tage eine bunte, quirlige Bühne. Dann ist wieder Pflasterzauber, das internationale Zirkus-Theater-Tanz-Festival, bei dem Künstlerinnen und Künstler von nah und fern für Momente voll Lachen und Staunen sorgen. Akrobaten sind darunter, Artisten und Clowns, Varietékünstler und Musiker. So unterschiedlich die Richtungen und die Performances, so verschieden sind auch die Spielorte: hinter dem alten Rathaus, dessen imposante Steinfassade einen ungewöhnlichen Hintergrund zu dem Treiben auf der Bühne bildet, oder zwischen den Fachwerkhäusern auf dem Marktplatz oder auf dem obersten Galeria-Parkdeck mit herrlichem Blick auf die roten Dächer der Stadt. Die Spielorte ändern sich von Jahr zu Jahr, und auch bei den Künstlern gibt es immer wieder Neues zu entdecken.

Der Pflasterzauber ist ein Überraschungsfest für alle. Familien, Freunde, Paare schlendern plaudernd und lachend von einem Spielort zum nächsten, gespannt darauf, was sie dieses Mal erwarten wird. Die Stadt sprudelt vor Lebensfreude, Kreativität und Spontanität. Heute lässt Larissa von Behren auf dem Platz an der Lilie ihr Cyr Wheel kreisen und hoch oben auf dem Galeria-Parkdeck bringen Zinzi & Evertjan aus Belgien das Publikum mit Musik, Pantomime und Akrobatik zum Lachen. Staunende „Ohs“ und „Ahs“ begleiten die Performances. Wie viel geduldiges Üben, Körperbeherrschung und Vertrauen die Kunststücke wohl erfordern, die auf der Bühne so leicht und unbeschwert aussehen! „Wem es gefällt, der wirft in den Hut sein Geld!“ ist das Motto des Festivals. Wobei Hut hier nicht so wörtlich zu nehmen ist. Wir sind schließlich beim Pflasterzauber. Da kann der Geldhut auch schon einmal in Form einer Waschmaschine daherkommen. Wer wohl morgen auf den Bühnen fantastische Momente schafft? Wir sind schon jetzt gespannt und kommen auf jeden Fall wieder!

● Pflasterzauber, 31134 Hildesheim (die Open-Air-Veranstaltung findet an verschiedenen Orten im Zentrum statt), www.pflasterzauber.de
● ÖPNV: Diverse Busse, Haltestelle Schuhstraße

Märchenhafte Kuchen

33

Das Stadtcafé Beste

Mit den Worten „Es war einmal" beginnen normalerweise nur Märchen, aber wir wollen auch die Geschichte vom Baumkuchen, für den das Stadtcafé Beste bekannt ist, mit diesen drei berühmten Worten beginnen lassen. Schließlich hat sie etwas ganz Märchenhaftes an sich, also: Es war einmal zur Weihnachtszeit im Jahre 1842, eiskalt war es in Hildesheim, selbst in der Backstube von Klaus Beste – trotz des heißen Backofens. So beschloss man, auch noch den Kanonenofen anzuheizen. Emsiger Betrieb herrschte in der Backstube, Meister Beste rührte die Teige zusammen und schob zwischendurch die Weihnachtsgebäcke der Kundinnen in den Ofen, so wie es damals üblich war. In dem Rummel stellte er aus Versehen seinen feinen Biskuitteig auf dem Kanonenofen ab, und der begann langsam auf das Backblech auf dem Ofen zu tropfen. Als Meister Beste nach einer Weile das Malheur sah, traute er seinen Augen nicht: Aus den Teigtropfen hatte sich ein kleiner Berg gebildet, fein gebacken durch die Hitze des Kanonenofens. Während der Meister vor Wut aufstampfte, schnappte sich sein Lehrling ein Messer, schnitt den Berg auf und entdeckte, dass die einzelnen Teigschichten Ringe gebildet hatten, wie bei einem Baum. Das Gesicht des Meisters erhellte sich, der Baumkuchen war geboren.

TIPP

Unbedingt auch das feine Teegebäck und die sündhaften Petit Fours probieren.

Heute, über anderthalb Jahrhunderte später, gehört der Baumkuchen immer noch zu den Spezialitäten des Stadtcafés Beste, und zwar das ganze Jahr über. Acht Schichten puren Glücks warten darauf, vernascht zu werden. Es gibt ihn als traditionelles Halbrund, je nach Geschmack überzogen mit Vollmilch-, Zartbitter- oder weißer Schokolade. Eine fruchtig-marzipanige Variante ist die Baumkuchentorte. Dazu Kaffeehaus-Ambiente, wie man es sonst nur aus Wien oder Hamburg kennt. An den Tischen wird gelacht, geplaudert, diskutiert, und manch einer hat die Zeitung aufgeschlagen, um das Tagesgeschehen zu verfolgen, während er genüsslich am Kaffee nippt und der Kuchen auf dem Teller immer kleiner wird.

- Stadtcafé Beste, Almsstraße 40, 31134 Hildesheim, Tel. (0 51 21) 3 54 73
- ÖPNV: Hildesheim Hauptbahnhof (rund 5 Minuten zu Fuß)

Baumkuchen
-spitzen
3,50
7,80

Handarbeit mit Gefühl

34 Die Keramikwerkstatt von Stephanie Link

Geschäftige Stille hat sich ausgebreitet in der Keramikwerkstatt. Wir sitzen um den Tisch in dem hellen, freundlichen Raum, lassen unsere Finger über den Ton fahren, spüren die kühle Feuchtigkeit des Materials, sind ganz konzentriert auf unser Gefäß. Wir wollen uns langsam an das Töpfern herantasten, diese uralte Kunst, und haben uns eine Daumenschale ausgesucht. Unsere Nachbarin formt gerade einen Becher. Wir kommen ins Gespräch und stellen schnell fest: Wir lieben es, für eine Weile mal den Kopf auszuschalten und mit den Händen zu arbeiten, uns dreckig machen zu dürfen und beim Formen des Gefäßes unserem Gefühl zu folgen. Stephanie Link hilft uns mit ihrer ruhigen, leisen Art, wenn wir nicht weiterwissen, und nach und nach formt sich aus dem hellen Ton unter unseren Fingern eine kleine Schale. Die Keramikwerkstatt ist kein Ort mit Vorschriften, wie wir Material, Form und Farbe am besten verwenden sollten. Die Keramikwerkstatt ist ein Ort, wo wir uns ausprobieren dürfen und spielerisch erkunden, mit welcher Art von Ton wir gerne arbeiten, welche Form sich eignet und auf welche Farbe wir in diesem Moment Lust haben.

TIPP

Stephanie Link bietet auch Töpferkurse für Kinder an.

Stephanie Link hat das Material Ton für sich vor langer Zeit zufällig entdeckt: In ihrem Garten fand sie Tonscherben und fing daraufhin an, sich mit der Keramiktradition der Region zu beschäftigen. Wir spüren ihre Faszination für das Material, und je weiter der Kurs voranschreitet, desto mehr verstehen wir, warum. Ein bisschen neugierig sind wir natürlich auch auf das Töpfern mit der Tonscheibe, und auch wenn wir diese für unsere Daumenschale nicht brauchen, dürfen wir sie ausprobieren. Wir merken schnell: Der richtige Umgang mit der Scheibe erfordert Geduld und Übung. Das nehmen wir uns für den nächsten Kurs vor. Jetzt sind wir erst mal gespannt, wie unsere Daumenschale am Ende wirklich aussehen wird, denn das hängt vom delikaten Brennvorgang ab. In einigen Tagen werden wir es wissen, wenn wir die Schale in der Werkstatt abholen können.

- Die Keramikwerkstatt, Goschenstraße 26, 31134 Hildesheim, Tel. (0 51 21) 2 82 35 14, www.stephanielink.de
- ÖPNV: Diverse Busse, Haltestelle Schuhstraße

Im Takt der Jahreszeiten

35 Die Duinger Seen

Zwischen Thüster Berg und Ith, inmitten einer wunderschönen Waldlandschaft, befinden sich die Duinger Seen. Grünlich glitzernd liegen sie in der Sonne, kleine Wellen kräuseln das Wasser. Der Wind streicht durch die Blätter der umstehenden Bäume. Die Seen sind ein Ort zum Ausruhen oder Aktivsein, je nachdem, wonach einem gerade ist. Es fällt schwer, sich vorzustellen, dass es hier nicht immer so friedlich und entspannt zuging. Aber tatsächlich: Bis zum Jahr 1966 haben hier Arbeiter Tag für Tag Braunkohle abgebaut und im nahe gelegenen Thüste wurden dann daraus die beliebten Humboldt-Briketts gefertigt. Kahl und schwarz war das Gebiet zunächst, dort, wo mehr als ein Jahrhundert lang Braunkohle gefördert worden war. Ein Spaziergang fühlte sich an, als würde man den Mond erkunden. Doch das änderte sich schnell: Nur ein Jahr später wurden in einer großen Aktion Tausende Bäume gepflanzt, Erlen, Eschen, Buchen, Ahorn, Douglasien, und nach und nach eroberte die Natur das Gebiet zurück. Die ehemaligen Gruben füllten sich mit Wasser, die Bäume wurden größer, Tiere siedelten sich an. Vier Seen und der kleine Paradiesteich haben sich hier im Laufe der Zeit gebildet. Auf einer gemütlichen Wanderung kann man sie alle erkunden. Je nach Jahreszeit ist das Erlebnis ganz unterschiedlich: Im Frühjahr kann man hier beobachten, wie die Natur aus dem Winterschlaf erwacht, im Sommer rennen wir über den feinen Sandstrand in den Bruchsee und genießen die erfrischende Kühle des Wassers. Im Herbst strahlt der Wald in knallig-bunten Farben, die sich im ruhigen Wasser spiegeln – wer will da noch nach Kanada? – und im Winter ist die Stille fast greifbar. Die Äste der Bäume wölben sich leicht unter dem Schnee, am Uferrand hat sich Eis gebildet. Hier, an den Duinger Seen, erleben wir die Jahreszeiten in ihrer ganzen Intensität, fühlen uns der Natur so nah, und tun es ihr gleich: leben auf, sprudeln vor Energie, kommen zur Ruhe und werden ganz still.

Duinger Seen, 31089 Duingen
(Parkmöglichkeiten am Bruchsee und am Humboldtsee)

Aussicht ohne Sicht

36 Der Brockenblick

Nanu, denkt sich wohl manch einer, der den Galgenberg hochgestiegen ist und beim Brockenblick eine herrliche Sicht auf den höchsten Gipfel im Harz erwartet hat. Nanu, weil er statt imposantem Berggipfel in der Ferne grüne Baumkronen direkt vor seinen Augen hat. Seit das Gebiet unter Landschaftsschutz steht, ist die Sicht nach und nach zugewachsen, der Name Brockenblick ist jedoch geblieben. Er erinnert an die Zeiten Ende des 19. Jahrhunderts, als sich der Galgenberg zu einem beliebten Ausflugsziel entwickelte und man sich in der Schankwirtschaft von Carl Göhl mit einem erfrischenden Getränk für den Rückweg stärkte. Die war im Ursprung lediglich eine einfache Holzveranda mit Glasfront.

Auch wenn es die weite Sicht nicht mehr gibt: Ein beliebtes Ausflugsziel ist der Brockenblick immer noch. Wenn sonntags die Sonne vom Himmel lacht und zu einem Spaziergang in der Natur einlädt, sind auch wir mit von der Partie. Wanderstiefel geschnürt, Rucksack auf und los geht's über die Wanderwege im Galgenberg. Die Pause am Brockenblick müssen wir uns bei dieser Tour schon ein bisschen verdienen: Schließlich gilt es einige Höhenmeter zurückzulegen. Umso besser schmeckt uns dann die Waffel mit Zimt-Zucker im Biergarten des Restaurants Brockenblick. Wir lehnen uns zurück, genießen das fröhliche Zwitschern der Vögel in den Bäumen und das brummende Plaudern an den Nachbartischen. Seit Göhls Zeiten und der Holzveranda hat sich hier einiges getan: Neben dem Restaurant gibt es ein Hotel, beides führt die Familie Brecht in vierter Generation. Ebenso gerne wie für einen Sonntagsausflug kommen wir auch nach Feierabend hierher. Dann sind wir auf den Waldwegen joggend unterwegs, wollen den Kopf frei bekommen und tauschen uns bei einem Bierchen oder Aperol Spritz über die kleinen und großen Aufreger des Arbeitstags aus. Und wie das so ist: Sobald wir sie mit jemandem teilen, hier oben, in der beruhigenden Natur, verlieren sie an Gewicht, und auf dem Rückweg fühlen wir uns ganz leicht.

TIPP

Bei gutem Wetter kurz hineingehen: Das Buffet aus der Anfangszeit des Restaurants ist beeindruckend.

- Berghotel Brockenblick, Am Brockenblick 1, 31141 Hildesheim, Tel. (0 51 21) 3 45 85 www.hotel-brockenblick.de
- ÖPNV: Bus 1, 4, Haltestelle Silberfundstraße (rund 35 Minuten zu Fuß)

Ausflug mit Happy-Eis-End

37 Das Eis-Café Dolce Vita in Bad Salzdetfurth

In Hildesheim haben wir uns auf die Räder geschwungen. Wir hätten es uns leicht machen können und unseren Eishunger bei der nächstgelegenen Eisdiele stillen können. Aber manchmal liegt das Glück darin, nicht die einfachste Lösung zu wählen. Schließlich ist Sonntag und gutes Wetter, und alleine der Weg nach Bad Salzdetfurth an der Innerste entlang ist schon wunderschön. Und jetzt sitzen wir hier, unter Sonnenschirmen und neben Palmen, und warten gespannt auf unsere Eisbecher. Als wir die Speisekarte aufschlugen, wähnten wir uns zuerst in einem Restaurant statt in einem Eis-Café: Spaghetti Carbonara lasen wir da und Pellkartoffel und Lasagne. Aber nein, wir waren richtig gelandet. Ein Blick auf die Zutatenliste verriet, dass es sich um Eisbecher handelte. Wir entschieden uns für Spaghetti Karamell – die Liste an Spaghettieis-Varianten war beeindruckend – und einen klassischen Schokoladenbecher. Wir lassen den Blick schweifen: In der Fußgängerzone schlendern Menschen an den Schaufenstern entlang und schauen sich die Auslagen an. Um uns herum Eisschleckermäulchen wie wir, die diesen Sonnentag genauso genießen. Im Eis-Café selbst wird gerade unser Spaghettieis mit Schokoraspeln drapiert.

TIPP
In der Winterpause gibt es das leckere Eis von Dolce Vita im Rewe Sercan Övüc in Bad Salzdetfurth.

Das Eis wird hier nach original italienischen Rezepten selbst hergestellt, und neben den Klassikern wie Zitrone, Erdbeere, Haselnuss und Malaga, gibt es wechselnde ausgefallene Kreationen. Wie wäre es mit Zitronenkeks, Crème Brûlée oder Cheesecake? Auch Fans von veganem Eis werden hier fündig und brauchen auf schokoladig-köstlichen Eisgeschmack nicht zu verzichten. Und da kommen sie auch schon auf dem Tablett zu uns geschwebt, zwei extragroße Eisbecher, wir grinsen, die Bedienung grinst, und nun gibt es kein Halten mehr. Löffel für Löffel wird der Eisberg im Becher kleiner, das Eis schmilzt auf unserer Zunge, die Schokoraspeln knacken leise im Mund, und wir verfallen in die wunderbare Trägheit, die nur Bewegung an frischer Luft in Kombination mit Genuss auslösen kann.

- Eis-Café Dolce Vita, Unterstraße 52, 31162 Bad Salzdetfurth, Tel. (0 50 63) 25 83
- ÖPNV: RB, Haltestelle Bad Salzdetfurth

Einkaufsspaß ohne Plastik

38 Der Unverpacktladen grammliebe

Die Türglocke klingelt, als die Kundin den Laden betritt. Vorsichtig packt sie ihre mitgebrachten Gläser aus, wiegt sie und ordnet sie dann auf den zwei Etagen des Einkaufswägelchens an. Schon geht's hinein ins Unverpacktparadies. Hier findet man von Agar-Agar bis Zahnbürste allerlei Leckeres, Nützliches und Schönes und das ganz ohne Verpackungsmüll. Große Spender hängen an den Wänden voll Hafercrunch, Hörnchennudeln und Schokodrops. Darunter stehen Glasbehälter mit Butterkeksen, gemahlenem Ingwer und Maisgrieß. Selbst gestaltete Schildchen verraten, was sich in dem jeweiligen Behälter befindet.

Einkaufen im Unverpacktladen ist eine ruhige und entspannte Angelegenheit, bei der alle Sinne zum Einsatz kommen. Die Lebensmittel leuchten bunt in den Gläsern, wer sie öffnet, nimmt den intensiven Duft wahr, und wer vorsichtig den Hebel der Spender nach vorne zieht, hört das Knistern, wenn die Haferflocken in das Glas fließen. Probieren ist natürlich auch erlaubt, dafür stehen kleine Gläschen mit Löffeln parat. So schlendert man mit dem Wägelchen gemütlich durch den Laden, vielleicht hat man einen Einkaufszettel, vielleicht lässt man sich inspirieren. Von den handgeschriebenen grünen Zettelchen neben den Produkten, auf denen steht, wie sie verwendet werden. Oder im Gespräch mit Inhaberin Beate Schneider. Das Schöne bei grammliebe ist, dass man grammgenau die Zutaten kaufen kann, wer also etwas Neues ausprobieren möchte, kann sich erst mal vorsichtig an das Produkt herantasten. Und beim Müsli und den Knabbereien kann man sich seinen eigenen Lieblingsmix zusammenstellen. Die meisten Produkte sind übrigens bio, viele vegan, so wie die weißen Schokodrops oder der Väse, veganer Käse mit klangvollen Sorten wie „Feuerstein“ und „Pfefferkuss“. Letzter Halt der Einkaufstour: die Kasse. Hier werden die Gläser wieder gewogen, eindeutig schwerer sind sie geworden, gefüllt mit allerlei Zutaten für Glücksmomente zu Hause.

TIPP

Bei grammliebe gibt es auch plastikfreie Haushaltswaren und Hygieneartikel.

- grammliebe, Kurzer Hagen 21, 31134 Hildesheim, Tel. (0 51 21) 2 94 24 77 www.grammliebe.de
- ÖPNV: Diverse Busse, Haltestelle Almstor

Reiscrispies
(Schoko)
9,50 €
Dinkel gepufft
Cornflakes
ZUCKER
SÜßES
Gestatten? Bruch.
SCHOKO-BRUCH.
Ich bin

Alles im Fluss

39 Die Leineauen in Alfeld

Hier, in den Leineauen, zwischen Ziegelmasch und Schlehberg, sind die Häuser des historischen Städtchens und der Rauch aus dem Schlot der Papierfabrik zum Greifen nah und doch ganz weit weg. Ein wunderbarer Ort, um sich für einen Moment aus dem Gewusel auszuklinken und zur Ruhe zu kommen. Die Leine fließt gemächlich vorbei an den Weiden und Eschen, in den lilafarbenen Weidenröschen summen die Bienen. Auf einem breiten Pfad kann man gemütlich durch die Auen schlendern und die Natur beobachten: Bunte Schmetterlinge fliegen von Blüte zu Blüte, die Bäume wiegen sanft im Wind, die Sonne zeichnet Sprenkel auf den Boden. Das fröhliche Zirpen der Grillen begleitet die Auszeit im Grünen. Kleine Buchten säumen den Weg, in manch einer steht eine Bank und lädt zum Sitzen ein. Eine kurze Leiter führt hinunter ins Wasser – wie herrlich erfrischend das kühle Nass an den Füßen prickelt! Egal, wie turbulent der Tag war: Beim Blick auf die Leine wird einem bewusst, dass alles im Fluss ist, sich ständig weiterentwickelt, dass auf turbulente Momente ruhige folgen, auf schwierige leichte. Hier fühlt man sich geborgen in der Natur und spürt: Alles ist in Ordnung, so wie es gerade ist.

Etwas ganz Besonderes ist der Frühling in den Leineauen. Dann kann man hier nicht nur hautnah miterleben, wie die Natur jeden Tag ein bisschen grüner wird, sondern auch wie zwei Störche ihren Nachwuchs aufziehen. Mitten in den Auen gibt es ein Nest, das auf einem Gestell in schwindelerregender Höhe liegt. Papa und Mama Storch drehen emsig ihre Runden in der Umgebung, um für sich und ihren Nachwuchs Nahrung aufzutreiben. Gut, dass es in den Auen reichlich Fische und Insekten gibt! Mit der Beute im knallroten Schnabel, die weiß-schwarzen Flügel in der Luft schlagend, geht es zurück zum Nest, wo schon die hungrigen Mäuler warten. Und irgendwann kommt der Moment, wo die Jungstörche flügge werden und die Familie ihre Heimat auf Zeit wieder verlässt. Alles ist eben im Fluss, hier an der Leine.

- Leineauen, Ziegelmasch, 31061 Alfeld
- ÖPNV: Bus 44, Haltestelle Alfeld (Leine) Bahnhof/ZOB

Im Knobelfieber

40 Die Stadtrallye durch Hildesheim

Wir stehen am Hauptbahnhof, Zettel und Stift in der Hand, die Sonne scheint, der Nachmittag liegt vor uns, und wir sind sehr gespannt: Ein bisschen kennen wir Hildesheim schon, aber ob uns das bei der Stadtrallye helfen wird? Los geht's, erst mal in die Nordstadt, die für eine bestimmte Art von Kunst bekannt ist. Wir schauen uns um und tatsächlich, sie springt uns förmlich an, die Kunst der Nordstadt, großformatig und farbenfroh von den Häuserwänden. Wir notieren unsere Antwort und gehen zurück, dieses Mal in Richtung Innenstadt. Unterwegs halten wir die Augen offen, suchen nach dem Schild, das uns den Namen von Hildesheims Partnerstadt verrät, und fahren tief hinab ins Untergeschoss der Arnekengalerie, um die Antwort auf die nächste Frage zu finden. Schon hat es uns gepackt, das Knobelfieber.

TIPP

Die Stadtrallye gibt's kostenlos im Internet oder gedruckt für 0,50 € bei der Tourist-Information.

Wie Detektive laufen wir inzwischen durch die Stadt. Unsere Sinne sind geschärft, die Augen schauen nach oben, nach unten, nach links und rechts und suchen nach Hinweisen. Wann wurde nochmal der Umgestülpte Zuckerhut eingeweiht? Bestimmt gibt es irgendwo eine kleine Informationstafel! Und was ist das, die Steinstatue im Welterbeviertel, die aus einer völlig anderen Welt zu kommen scheint? Hinduismus tippen wir, und weiter geht's ins Fachwerkviertel. Hier wird's lustig, denn wir sollen uns ein Gedicht ausdenken, in dem die Wörter „Kehrwiederturm" und „Keßlerstraße" vorkommen. Was reimt sich nur auf Turm? Sturm, Wurm, die Wörter kreisen in unserem Kopf. Schließlich notieren wir lachend unseren Vorschlag, immerhin ist die Frage eine Rosenfrage, auf die es doppelte Punktzahl gibt. Schließlich sind wir am Ende angekommen und machen uns im Schatten des Kehrwiederturms an die Auflösung. Die richtigen Antworten finden wir auf der letzten Seite. Den Titel „Hildesheimer Profi" erreichen wir nicht, denn den gibt's nur für den, der alle Antworten richtig hat. Dafür sind wir nun offiziell „Lernfähige Neubürger", und das gefällt uns, schließlich haben wir heute auf spielerische Weise so einiges gelernt.

● Stadtrallye, Startpunkt: Hildesheim Hauptbahnhof, Bahnhofsplatz 1, 31141 Hildesheim, www.hildesheim-tourismus.de/stadttouren/themenrouten
● ÖPNV: Hildesheim Hauptbahnhof

Wohlige Ruhe

41 Die Saunalandschaft im Hallenbad Duingen

Warm legt sich die heiße, trockene Luft auf die Haut, die Gedanken kommen zur Ruhe, und tiefe Entspannung breitet sich im Körper aus. Die Finnen wissen es schon lange: Saunieren tut Körper, Geist und Seele gut. Die Saunalandschaft des Hallenbads Duingen ist der perfekte Ort für diese Art von Ruhepause. Mit Engagement und Liebe zum Detail haben die Mitglieder des Duinger Sport Clubs sowie die Mitarbeiter des Bauhofes den Wellnessbereich angelegt, immer so viel, wie gerade finanziert werden konnte. Vieles ist in Eigenarbeit an zahlreichen Wochenenden entstanden. Wer hierherkommt, spürt die Leidenschaft der Beteiligten für das Projekt. Und eine tiefe Erdverbundenheit spürt er auch. Das liegt an den vorherrschenden warmen orange-braunen Farbtönen und an den verwendeten Naturmaterialien, darunter Holz aus der Region, Thüster Sandstein und Tonrohre, die in Duingen gebrannt wurden.

Die wunderschönen Keramik-Amphoren, die den Weg und die Wände zieren, und die alte Lore sind keine zufällige Dekoration: Sie erinnern daran, dass die Region einst ein wichtiges Zentrum für Töpferei war. „Pottland", nannte man daher die Region, und „Pottland" heißt auch die wohl schönste Sauna in Duingen. Hier stehen die typischen Holzbänke vor handverputzten Lehmwänden, den Kachelofen zieren handgetöpferte Kacheln. Bis zu 70°C warm kann es in der Pottlandsauna werden. Von dort sind es nur wenige Meter bis zum Abkühlbecken. Direkt daneben: Liegen zum Ausruhen. Oder man geht ein Stückchen weiter zu dem Raum mit den Hängeliegen, in denen man sich durch das sanfte Schaukeln herrlich geborgen fühlt. Eine Etage weiter oben wird derweil in der Panoramasauna geschwitzt, mit wunderschönem Blick auf die Hügel von Ith und Hils. Hier oben duftet es nach Zirbenholz, das für den Bau dieser Sauna verwendet wurde. Man sagt, dass Zirbe die Atmung beruhigt, und am Ende dieses Saunanachmittags ist es genau das, was wir am meisten spüren: Es ist Ruhe in uns eingekehrt.

- Hallenbad Duingen, Lübecker Straße 1c, 31089 Duingen
www.hallenbad-duingen.com
- ÖPNV: Bus 51, Haltestelle Gronau Steintorstraße, weiter mit Bus 641, Haltestelle Duingen/Bahnhof

Erlebnis zwischen Bäumen

42 Der Sinnespfad Alfeld

Zickzackförmig schlängelt sich der Weg hinauf zum NaturFreundehaus Alfeld am Schlehberg. Wer genau hinschaut, sieht links und rechts schon die ersten Stationen des Sinnespfads zwischen den Blättern der Bäume hervorlugen. Hier oben ist es ruhig, immer wieder eröffnet sich zwischen den Bäumen ein wunderschöner Ausblick ins Leinetal und über die Sieben Berge. Der Sinnespfad ist eine Hommage an den Wald und seine Bewohner. Tasten, klopfen, lauschen, balancieren, springen – die Kids haben einen Heidenspaß an den rund 20 Stationen. So spannend kann ein Spaziergang im Wald sein! Wer traut sich, seinen Kopf in den Summstein aus Thüster Kalkstein zu halten? Wer den richtigen Ton trifft, fühlt ein Vibrieren im ganzen Körper. Man sagt, dass diese Vibration hilft, die Sinne zu schärfen. Da verwundert es nicht, dass Summsteine in frühen Zeiten zur Heilung und Meditation benutzt wurden!

Weiter geht's zum Weitsprungwettbewerb an der Station Sprungkraft. Holztafeln verraten, wie weit die Tiere des Waldes springen, der Frosch schafft einen Meter, das Eichhörnchen vier und der Rothirsch sage und schreibe elf Meter! Die Kinder stellen sich auf, ein Erwachsener hat sich auch dazwischengemogelt – kein Wunder, denn steckt in uns allen nicht noch immer das Kind, das wir früher einmal waren? –, die Schiedsrichterin zählt den Countdown und Absprung! Die Mehrheit landet juchzend irgendwo zwischen Frosch und Hase. Schnell den Sand von der Hose geklopft und weiter zur nächsten Station: den Niedrigseilgarten. Über Baumstämme balancieren und sich an Seilen entlanghangeln, was wie ein Gruppenspiel aussieht, ist viel mehr als das: Hier kann man seine Geschicklichkeit trainieren, eigene Grenzen ausloten und versuchen zu überwinden. Und wenn man plötzlich blind über eine Hängebrücke balancieren muss, schult man sein Vertrauen in die Person, die einen führt. Ganz schön erlebnisreich, so ein Nachmittag auf dem Sinnespfad!

TIPP

Die NaturFreunde Alfeld bieten Führungen durch den Sinnespfad und den Niedrigseilgarten an.

- Sinnespfad am NaturFreundehaus Alfeld, Heinrich-Rinne-Straße 35, 31061 Alfeld, Tel. (0 51 81) 82 85 58, www.naturfreunde-alfeld.de
- ÖPNV: NWB und RE über Elze nach Alfeld Bahnhof (rund 20 Minuten zu Fuß)

Mode im Café

43 Das Leine-Café Heydenreich in Brüggen

Wer das Leine-Café Heydenreich betritt, dem fällt gleich das ungewöhnliche Ambiente auf. Ungewöhnlich, weil blütenweiße Decken die Tische zieren, in der Mitte steht jeweils eine feine Porzellantasse mit fröhlich-buntem Blumenarrangement. Ungewöhnlich, weil an den Wänden Bilderrahmen hängen, in denen Kleidungsstücke oder Schmuck statt Bilder drapiert sind. Und auf dem Weg zum Tisch kommt man an Modepuppen mit pfiffigem Outfit vorbei. Hinter dem Ganzen steckt Veronika Heydenreich, die hier ihre Leidenschaft für Mode und ihren Spaß am Backen und Bewirten auslebt. Als sie ihre Modeproduktion bei Hannover schloss, war sie in einem Alter, wo andere in Rente gehen. Veronika Heydenreich suchte aber lieber nach einer neuen Herausforderung und eröffnete das Leine-Café in Brüggen. Mit viel Liebe zum Detail hat sie das Café eingerichtet, und mit viel Liebe backt sie auch ihre Torten selbst. Jede einzelne, egal ob fruchtig-leichte Kirsch-Schmand oder herbstliche Birnen-Schokolade. Am Vorabend wird eingekauft, am Vormittag gebacken, am Nachmittag schneidet sie die Kuchen für ihre Gäste auf und gesellt sich gerne auf einen Plausch zu ihnen. Das Café ist in dem ehemaligen Brauhaus des Ritterguts Brüggen untergebracht, und im Sommer kann man auf der lauschigen Terrasse mit Blick auf die altehrwürdigen Mauern sitzen. Ein ausladender Ahorn spendet Schatten, zwischen den Tischen wachsen zartrosafarbene Rosensträucher. Wer hierherkommt, sollte Zeit mitbringen. Um den köstlichen Geschmack der Torten wirken zu lassen, um genüsslich das Kännchen Kaffee zu trinken und um die kleine, feine Modekollektion anzuschauen. Die entwirft Veronika Heydenreich selbst, und wenn sie gerade mal nur wenig Zeit zum Nähen hat, beauftragt sie einen Schneidermeister mit der Produktion. Ungewöhnliche Schnitte, satte Farben und edle Stoffe zeichnen ihre Mode für Frauen ab Vierzig aus. Mit dieser ungewöhnlichen Mischung aus Café und Modelädchen ist das Leine-Café ein richtiges Kleinod im Süden von Hildesheim.

- Leine-Café Heydenreich, Schlossstraße 20, 31033 Gronau (Leine), OT Brüggen, Tel. (0 51 82) 90 32 87, www.modeproduktion.de
- ÖPNV: RB nach Elze, weiter mit Bus 66, Haltestelle Brüggen/Gutshof

Freiheitsgefühle

44 Die Ithwiesen bei Holzen

Höher und höher schraubt sich die Bundesstraße von Capellenhagen aus, bis schließlich hinter einer Kurve die Kuppe des Ith erscheint. Ein paar Gebäude liegen links und rechts der Straße, und wer nun nach links abbiegt und noch ein Stückchen weiterfährt, taucht ein in die Welt der Ithwiesen. Hier ist die Straße plötzlich ganz weit weg und die Alltagssorgen auch. Stattdessen spürt man die Sonne im Gesicht, den Wind auf der Haut, ein Kribbeln im Bauch und Geborgenheit im Herzen. Der Himmel ist blau, kleine weiße Wolken ziehen vorbei, er scheint hier oben zum Greifen nah. Während der Blick über die sattgrünen, hügeligen Wiesen schweift bis hin zu den tiefgrünen Tannen des Hils, bahnt sich langsam ein Wort seinen Weg: Freiheit. So muss sie sich anfühlen. Wenn man plötzlich über den Dingen steht und sie aus sicherer Entfernung betrachten kann, wenn man der Natur ganz nah ist und spürt, man ist Teil von ihr.

Wer das Gefühl ein bisschen länger auskosten möchte, macht einen Spaziergang durch die geschwungenen Hügel der Ithwiesen. Mal geht es hinunter in eine Senke, dann wieder hoch hinaus auf eine Kuppe. Immer dabei ist das Summen der Bienen und der Duft nach frischem Gras. Und wer genau hinschaut, der entdeckt am Himmel kleine weiße Punkte. Punkte, die sich, wenn man näher herankommt, als Segelflugzeuge entpuppen. Die Ithwiesen sind nämlich nicht nur ein Naturschutzgebiet, sondern auch ein Segelflugplatz. Bei gutem Wetter ist am Wochenende Flugbetrieb, dann schweben Flugzeuge lautlos durch die Luft. Lautlos, denn alles, was die Piloten zum Segelfliegen brauchen, sind Winde und Thermik. Mit der Kraft der Natur fliegen sie für ein paar Minuten oder ein paar Stunden durch die Luft. So leise, dass sich manchmal Schwalben und Bussarde zu ihnen gesellen und sie auf ihrem Flug begleiten. Da ist es dann wieder: Das Gefühl mit der Natur im Einklang zu sein.

TIPP

Besucher können nach Voranmeldung mit einem erfahrenen Piloten einen Rundflug im Segelflugzeug machen.

● Ithwiesen, Segelflugstraße, 37632 Holzen (Naturschutzgebiet, deshalb gilt Wegepflicht) Informationen zum Segelfliegen: www.ithwiesen.de

D-4183

Himmlische Köstlichkeiten

45 Das Handelshaus Schlegel

Ein knallrotes Sofa mit hellgelben Blumenapplikationen steht vor der holzvertäfelten Wand im hinteren Bereich des Handelshauses Schlegel. Warum das erwähnenswert ist? Weil das knallrote Sofa das Sofa ist, auf dem zwei Freundinnen Mitte des 20. Jahrhunderts bei einem Gläschen Wein eine geniale Idee hatten: Die Hildesheimer brauchen eine einzigartige Köstlichkeit, fanden sie, eine, die es so nirgendwo anders gibt. Aber was könnte das sein? Die Frauen überlegten hin und her und kamen zu dem Schluss, dass ein süß-cremiger Trüffel mit Zucker und Sahne und einer Kakao-Creme-Mischung genau das Richtige wäre. Ohne Alkohol, damit Groß und Klein gleichermaßen etwas zum Naschen hätten. Die Weingläser klirrten leise, als die Frauen ihre Idee besiegelten. Die beiden Frauen, das waren Frau Leysieffer von der gleichnamigen Manufaktur in Osnabrück und Frau Schlegel, Inhaberin des Handelshauses in Hildesheim. Seit 1960 gibt es nun die Hildesheimer Himmlischen Trüffel, und sie zerschmelzen immer noch so köstlich auf der Zunge wie damals. Aber im Handelshaus Schlegel, das heute von Caner und Senab Özkan geführt wird, gibt es noch viel mehr Köstlichkeiten zu entdecken. Neben zartschmelzender Confiserie und italienischer Feinkost gibt es auch fruchtig-würzige Gins und Whiskey-Raritäten wie den Tomatin Single Cast von 1981. Ein Paradies für Genießer und Naschkatzen!

Man bummelt vorbei an den Auslagen mit Schokolade und salzigen Aufstrichen, dann geht es die Treppe hoch zu den Spirituosen. Auf kleinen, selbst gestalteten Schildchen steht, welcher Geschmack und welches Aroma sich jeweils in der Flasche verbergen. Auch das Dekor ist ungewöhnlich: Wie in einer überdachten Einkaufsstraße fühlt man sich hier, mit den Delikatessen hübsch angeordnet in den Holzauslagen links und rechts und einer Treppe, die durch einen Torbogen führt. Neben den Auslagen sind Straßenlaternen aufgestellt. Und das Beste: Man kann fast alles probieren, sodass es zu Hause beim Naschen nur glückliche Überraschungen geben wird.

TIPP

Das Handelshaus Schlegel bietet auch regelmäßig Whiskey-Tastings an.

- Handelshaus Schlegel, Schuhstraße 37, 31134 Hildesheim, Tel. (0 51 21) 3 68 97 www.handelshaus-schlegel.de
- ÖPNV: Diverse Busse, Haltestelle Schuhstraße

HILDESHEIMER HIMMLISCHE TRÜFFEL
ORIGINAL
SCHLEGEL
SEIT ÜBER 60 JAHREN!
SEIT ÜBER 60 JAHREN!
SCHLEGEL

Wildes Wasser

46 Die Bischofsmühle

Ehrfürchtig schauen die Kinder hinunter auf die Wildwasserstrecke der Bischofsmühle. Sie stehen auf der Brücke zwischen Restaurant und Kulturzentrum, denn von hier haben sie den besten Blick auf das rauschende Wasser. Mehrere Becken sehen sie, in einigen davon bildet die Strömung Strudel. Und da sollen sie gleich runterfahren? Einige blicken skeptisch, bei anderen funkelt die Abenteuerlust im Auge. „Wer ist mit dabei?", fragt der Lehrer, ein paar Hände schnellen hoch, und los geht's. Die Wildwasserstrecke ist ein Ort, an dem man lernt, seine Grenzen auszuloten – und sie zu akzeptieren. Was traut man sich zu und was lieber nicht? Dazu gehört die Entscheidung, sich mit dem Kajak ins Wasser zu stürzen genauso wie die Entscheidung, den anderen lieber von der Brücke aus zuzuschauen. Und sie mit jubelnden Rufen anzufeuern. Die Kanuten sitzen in den blauen, gelben und roten Kajaks, die Farben leuchten in der Sonne. Klein und wendig sind die Wildwasserkajaks, damit man auf dem turbulenten Wasser schnell manövrieren kann. Auf der Wildwasserstrecke lernen die Kanuten, sich den Herausforderungen des Wassers zu stellen und üben ihre Geschicklichkeit.

Für die Schüler ist der Kanusport eine willkommene Abwechslung, sie genießen das Draußensein und die Konfrontation mit dem Wasser. Und für Menschen, die hier langspazieren, ist es ein Ort zum Innehalten und Verweilen, um die Kanuten und ihre wagemutigen Manöver zu beobachten. Zu sehen gibt es eigentlich fast immer jemanden. Tagsüber üben auf der Strecke Schülergruppen, ab dem späten Nachmittag Vereine aus der Umgebung. Manch einer der Spaziergänger hat gar ein Picknick mitgebracht, das auf der Wiese ausgebreitet wird. Die Kids laufen fröhlich umher, lugen neugierig über die Mauer und staunen über die Kanuten, die Eltern lehnen sich entspannt zurück und genießen die Sonne. Es ist schon etwas ganz Besonderes, so mitten in der Stadt eine Wildwasserstrecke zu haben!

- Bischofsmühle, Dammstraße 32, 31134 Hildesheim
- ÖPNV: Bus 5/43, Haltestelle Museum

Den Gaumen verwöhnen

47 Die Hildesheimer Braumanufaktur

Alles begann mit einem Studentenscherz: Eigentlich müssten wir doch eine Brauerei aufmachen, dachten sich Jan Pfeiffer und Malte Feldmann während ihres Studiums der Lebensmitteltechnologie. Und wie das manchmal so mit Scherzen ist, irgendwann werden sie Realität. Bei den beiden war es im Jahr 2016 so weit: Auf dem Gelände eines ehemaligen Wasserwerkes, in einem roten Backsteingebäude, eröffneten sie die Hildesheimer Braumanufaktur. Seitdem wird dort, wo früher die Pumpen standen, in silbernen Metallkesseln Bier gebraut. Ein süffiges Kellerpils zum Beispiel, ein fruchtig-herbes Pale Ale oder ein Stout mit leichter Kaffeenote. Und immer wieder kommt etwas Neues hinzu. Denn das Team der Braumanufaktur liebt es, mit den Grundzutaten Wasser, Hopfen, Malz und Hefe zu experimentieren. Soll eine würzige, blumige oder fruchtige Hopfensorte verwendet werden? Soll das Malzaroma getreidig, schokoladig oder brotig sein? Manchmal wird unter die Grundzutaten auch noch das ein oder andere Extra gemischt. So wie die Brombeeren aus dem Brauereigarten, aus denen das Imperial Blackberry Stout entsteht. Das Geheimnis für geschmackvolles Bier sind aber nicht nur gute Zutaten, sondern auch Zeit. Fünf bis sechs Wochen dauert es, bis das Bier in der Biermanufaktur gebraut ist. Man hat schon munkeln gehört, dass manch einem das konventionelle Bier nicht mehr schmeckt, weil der Gaumen zu lange mit dem Bier der Hildesheimer Braumanufaktur verwöhnt wurde.

Am besten genießt man das Bier gleich vor Ort, im Biergarten der Braumanufaktur. Der ist nämlich eine richtige Oase inmitten der Neubauten ringsum. Unter uralten Buchen stehen Holztische, in einem Gemüsebeet wachsen Kartoffeln und Möhren, und Sonnenblumen recken ihre Hälse in die Luft. An den Tischen wird fröhlich geschwatzt und in der Schlange an der Theke auch. Man kennt sich schließlich und wenn nicht, dann ist es nach guter alter Biergartentradition genau jetzt der Moment, sich bei einem leckeren Bierchen kennenzulernen.

● Hildesheimer Braumanufaktur, Goslarsche Landstraße 15, 31135 Hildesheim
www.hildesheimer-braumanufaktur.de
● ÖPNV: Bus 3, Haltestelle Klinikum

HILDESHEIMER
BRAUMANUFAKTUR
HILDESHEIMER
BRAUMANUFAKTUR
Special
SYMPATHISCH MALZIG
BLACK
BLACK

Auf der Spielwiese

48 Die Steingrube

Wenn man den Namen Steingrube hört, denkt man eher an große Steinquader, als an einen grünen Park. Zu Recht, schließlich wurde hier im Mittelalter tatsächlich Stein abgebaut. Heute allerdings ist die Steingrube eine große Spielwiese und Treffpunkt für alle Generationen. Kinderaugen strahlen, wenn sie das große Piratenschiff aus Holz entdecken, und ehe Mama und Papa sich versehen, klettern die Kleinen auch schon an den Seilen hinauf und winken ihnen vom Mast aus fröhlich zu. Ein Stückchen weiter gibt es eine Hängematte, in der sich die kleinen Piraten später von den Turbulenzen auf See ausruhen können. Die Eltern haben es sich derweil auf einer der vielen Bänke am Rand des Spielplatzes bequem gemacht, ein Auge auf das Buch gerichtet, das andere auf den Nachwuchs. Nebenan im Skatepark probieren die Großen ihre Tricks vom Ollie für Anfänger bis zum anspruchsvollen Varial Kickflip, bei dem das Board kunstvoll durch die Luft gewirbelt wird, natürlich so, dass der Fahrer hinterher wieder drauf landet. Auch auf dem Basketballfeld wird fleißig gesportelt, hier kann man sich im Körbewerfen üben oder die Revanche für das letzte Match austragen. Der Schweiß rinnt von der Stirn, der Adrenalinpegel steigt mit jedem Treffer, hach, wie schön es ist, sich beim Sport zu verausgaben und im Moment zu sein – da vergisst man glatt den Alltagsstress!
Wer es lieber ruhiger mag, der macht es sich auf einer Picknickdecke unter den ausladenden Bäumen gemütlich. Oder auf einer der Drehbänke aus Holz. Ein Blick in den Himmel verrät, wo die Sonne steht, mit Schwung wird die Bank in die richtige Richtung gedreht, und schon kann man es sich mit einem Buch gemütlich machen, die wärmenden Sonnenstrahlen auf der Haut. An lauen Sommerabenden ist die Steingrube das verlängerte Wohnzimmer der Menschen aus den Häusern ringsum. Noch einen kleinen Abendspaziergang machen, vielleicht ein Eis holen oder von einer der Bänke aus dem Treiben auf den Sportplätzen zusehen. Das Leben spüren.

● Steingrube, 31141 Hildesheim
● ÖPNV: Bus 1, Haltestelle Hildesheim Steingrube

Schätze mit Geschichten

49 Der Laden feinGESTALT

Mitten in der historischen Altstadt liegt der Laden feinGESTALT, in einem Eckhaus aus rotem Backstein. Schon der Blick durch die großen Schaufenster in die in sanftes Licht getauchten Räume verrät: Das Lädchen ist eine Schatztruhe voll kunsthandwerklicher Arbeiten und wunderschöner Designprodukte, die es so nirgendwo anders in Hildesheim gibt. Ehe wir uns versehen, haben wir die Tür geöffnet und stehen zwischen hauchfeinen Porzellanservices in Blütenweiß, schicken Accessoires aus Leder und Filz und filigranem Silberschmuck. Letzteren stellt die Inhaberin von feinGESTALT, Marion Obornik, in ihrer kleinen Werkstatt, die an den Laden grenzt, selbst her.
Was uns an diesem Lädchen magisch anzieht, ist das Ambiente zum Wohlfühlen. Liebevoll sind die Arbeiten arrangiert, in aller Ruhe können wir durch die Räume schlendern, einfach mal gucken, das Material fühlen und den wunderbaren Geschichten lauschen, die Marion Obornik zu den Fabrikaten und den Produzentinnen erzählen kann. Schließlich kennt sie die meisten von ihnen persönlich. Sie erzählt uns von der „Kofferkleidung", die eine Designerin aus dem Teutoburger Wald anfertigt. Kofferkleidung, weil die Modestücke so schön pflegeleicht sind. Selbst nach mehreren Stunden eingequetscht im Koffer sind sie ruckzuck wieder knitterfrei, wenn man sie einmal aufgeschüttelt hat. Oder von dem Drechsler aus Norddeutschland, der am liebsten Obst- und Zierhölzer mit ungewöhnlichen Maserungen verarbeitet. Astlöcher, Risse und Baumpilze lassen sein Herz höherschlagen und inspirieren ihn zu seinen wunderschönen Küchenhelfern, wie Gewürzmühlen und Kleinode aus vergangenen Zeiten wie der Waffelkegel.
Marion Obornik weiß aber nicht nur Geschichten zu ihren Produkten zu erzählen, sondern merkt sich auch die Wünsche ihrer Kundinnen. Ein Wissen, das immer dann nützlich wird, wenn der Partner einer Kundin auf der Suche nach einem Geschenk für seine Liebste ist. Und so werden in der Schatztruhe feinGESTALT auch so manche Wünsche wahr.

● feinGESTALT, Hinterer Brühl 1, 31134 Hildesheim, Tel. (0 51 21) 3 56 08
www.feingestalt.com
● ÖPNV: Bus 1, 4, Haltestelle Bohlweg

Flanieren mit Musik

50 Die Hildesheimer Wallungen

Wir bummeln durch den Ernst-Ehrlicher-Park, und plötzlich hören wir es. Von den Bühnen schallt leise die erste Musik zu uns herüber, das untrügliche Zeichen dafür, dass es endlich wieder so weit ist: Die Hildesheimer Wallungen haben begonnen. Vor uns liegt ein Wochenende voll Musik, Theater, Akrobatik, Lachen, Freude, Glücklichsein. Alle zwei Jahre verwandelt sich das Gebiet zwischen Ernst-Ehrlicher-Park und Kehrwiederwall in eine große Bühne, auf der Künstlerinnen und Künstler aus der Region ihre großen und kleinen Auftritte haben. Das Programm ist immer einzigartig: Mal wird eine neue Kunstform ausprobiert, mal gibt es eine neue Bühne an einem ungewöhnlichen Ort, die Acts wechseln sowieso und das Wetter natürlich auch! In den nächsten Tagen gibt es also viel zu entdecken. Wir werden merken, wie abwechslungsreich die regionale Kulturlandschaft ist. Von westafrikanischer Fusion-Musik, über Indie-Punk mit deutschen Texten bis zu spanischer Flamenco-Musik, die Erinnerungen an den letzten Urlaub auf der Iberischen Halbinsel weckt, ist alles dabei.
Gerade haben wir uns mit einer der kulinarischen Köstlichkeiten, die am Wegesrand angeboten werden, gestärkt, und nun flanieren wir weiter. Langsam wird es dunkel und die Wallanlagen erstrahlen in bunten Lichtern, ganz verwunschen wirken sie nun. Grünes, gelbes, weißes Licht lenkt unseren Blick auf uralte Baumkronen und die imposante Basilika St. Godehard im Hintergrund. Plötzlich tauchen am Ende des Weges fabelhafte Wesen auf, die hoch auf Stelzen durch die Landschaft schweben. Auch das gehört zu den Wallungen dazu: Die magischen Überraschungen links und rechts der Bühnen. Und wie das so mit Freiluft-Festivals im Sommer ist, kann es auch bei den Wallungen mal schlechtes Wetter geben. Aber das tut der Feierlaune keinen Abbruch: Schließlich tanzt man nicht alle Tage im Regen, und wer die anfängliche Skepsis überwindet, merkt schnell, Musik in den Ohren und erfrischende Regentropfen auf der Haut – das kann ziemlich glücklich machen.

- Hildesheimer Wallungen, Ernst-Ehrlicher-Park, 31134 Hildesheim
www.hildesheimer-wallungen.de
- ÖPNV: Bus 1, 4, Haltestelle Bohlweg

P.P.C

Georgische Geselligkeit

51

Das Restaurant Alazani

Unberührte Berglandschaften, eine quirlige, moderne Hauptstadt und feine Sandstrände am Schwarzen Meer: Georgien ist als Reiseziel in den letzten Jahren immer beliebter geworden. Aber Hildesheimer, die Georgien erleben möchten, müssen gar nicht so weit fahren: Die Familie Shukow, ursprünglich aus der Hauptstadt Tiflis, serviert in ihrem Restaurant Alazani köstliche georgische Speisen. Eine Portion georgische Kultur gibt's obendrein. Essen hat in Georgien einen ganz besonderen Stellenwert: Traditionellerweise ist das eine gesellige und fröhliche Angelegenheit, bei der sich der Tisch vor lauter Speisen fast biegt. Auf großen Tellern dampfen gegrillte Köstlichkeiten vom Spieß, dazu gibt es leckere Walnuss- und Brombeersaucen, dazwischen stehen die warmen und kalten Vorspeisen wie Chatschapuri Imeruli, der typische mit Käse gefüllte Teigfladen. Die Hände wandern zu den Tellern, man füllt sich auf – von allem etwas natürlich –, es werden Geschichten erzählt, man diskutiert und lacht.

Im Restaurant Alazani taucht man ein in diese gesellige Welt, in der man miteinander Essen, Freud und Leid teilt und sich im Kreis seiner Lieben geborgen fühlt. Man sitzt an großen Holztischen, jeder Tisch hat seine eigene Lampe und wird so zu einer kleinen Wohlfühlinsel, die man ganz für sich hat. Die Speisekarte ist klein, aber fein. Alexander Shukow, der die Idee für das Restaurant hatte, probiert sich gerne in der Küche aus. Auf der Speisekarte landet dann das, was die Familienmitglieder am leckersten finden. Alle Gerichte werden frisch zubereitet, weshalb es manchmal ein Weilchen von der Bestellung der Gerichte bis zu dem Moment, an dem das Essen auf dem Tisch steht, dauern kann. Aber das Alazani ist auch kein Ort, an dem man husch husch sein Essen verschlingt. Das Alazani ist ein Ort, wo man sich Zeit nimmt, wo man den feinen Nuancen der georgischen Gewürze wie Chmeli Suneli nachspürt, wo man der leisen georgischen Musik im Hintergrund lauscht und für einen Abend entschleunigt und genießt.

● Restaurant Alazani, Immengarten 48, 31134 Hildesheim, Tel. (0 51 21) 9 81 77 44
www.restaurant-alazani.de
● ÖPNV: Bus 1, 4, Haltestelle Immengarten

Durchatmen und entspannen

52 Der Kurpark in Bad Salzdetfurth

Imposant sind sie, die beiden Gradierwerke im Kurpark Bad Salzdetfurth und mit über 260 Jahren schon ganz schön alt. Wer an ihnen vorbeischlendert, hört leise das beruhigende Plätschern der Sole, die über die Reisigbündel langsam nach unten tropft. Hier ist es angenehm kühl, selbst an einem heißen Sommertag. Die Luft ist vom Salz angereichert und fühlt sich fast ein bisschen an wie die raue Nordseeluft. Nur ein paar Atemzüge, und schon hat man das Gefühl, endlich mal wieder richtig durchatmen zu können. Bänke gegenüber der großen Dornenwände laden zum Verweilen ein, oder man flaniert um die Gradierwerke herum. Im 18. Jahrhundert wurden die Gradierwerke gebaut, um Salz zu gewinnen. Bis zu neunmal rieselte die Bad Salzdetfurther Sole über die Dornenwände, und bei jedem Mal wurde die Konzentration der Sole höher. Um schließlich aus der gesättigten Sole Salz herzustellen, kochten die sogenannten Salzpfänner die Sole in mächtigen Salzpfannen.

TIPP

Die Gradierwerke sind von Ostern bis Ende Oktober in Betrieb.

Ein Ort zum Durchatmen ist der Kurpark Bad Salzdetfurth aber auch noch in anderer Hinsicht, denn wer über die Wege flaniert, entdeckt überall lauschige Ecken, in denen man es sich gemütlich machen und zur Ruhe kommen kann. Da gibt es Bänke, die in Buchsbaumhecken versteckt sind, schneeweiße Rotunden, in denen Stühle stehen, oder man breitet eine Picknickdecke auf der Wiese an der Lamme aus. Vielleicht hat man sich das Lieblingsbuch eingesteckt, oder man lässt seine Gedanken schweifen, während die Bienen summen, der Wind durch die Blätter raschelt und die Vögel zwitschern. Die Seele baumeln lassen, das geht hier wunderbar. Uralte, mächtige Buchen und Birken spenden Schatten und ein Gefühl von Geborgenheit, und die leuchtenden Blumenrabatten in Gelb, Orange und Rosa sind fröhliche Farbtupfer. Wer genau hinschaut, entdeckt auch die kleinen Kräuterbeete, in denen Pfefferminze wächst. Und immer sonntags, am Nachmittag, kann man sogar zu den Klängen von Musik durch den Park wandeln: Dann spielen hier nämlich regionale Orchester auf.

- Kurpark Bad Salzdetfurth, 31162 Bad Salzdetfurth
- ÖPNV: RB, Haltestelle Bad Salzdetfurth, Solebad oder Bahnhof

Schlag auf Schlag

53 Adventure Golf in Bad Salzdetfurth

Weder Golf noch Minigolf, sondern eine ziemlich spaßige Mischung aus beidem, das ist Adventure Golf. Gespielt wird mit einem Minigolfschläger und einem Golfball. 18 Bahnen werden wir meistern, hier, auf der Anlage mitten im Kurpark von Bad Salzdetfurth. Wir stehen an der Nummer eins. Der Schläger liegt schwer in den Händen, der Ball ruht auf der Abschlagfläche, und los geht's. Ziel ist es, den Ball mit möglichst wenig Schlägen in das Loch zu befördern. Wäre es andersherum – nämlich möglichst viele Schläge zu erreichen – wir wären die unangefochtenen Champions der Anlage.

Der Golfball, der schneller rollt als ein Minigolfball, schlingert hierhin und dorthin, überallhin, nur nicht ins Loch. Es ist zum Haareraufen. Und, ehrlich gesagt, auch ziemlich witzig! Wir machen uns einen Spaß daraus, die verschiedenen Schlagtechniken und Posituren zu probieren. Am besten, so stellt sich heraus, ist ein etwas nach hinten gestreckter Po in Kombination mit leicht gebeugten Knien, beide Hände fest, aber nicht zu fest, am Schläger. Und ganz wichtig: Nicht vom Gequatsche der Mitspieler ablenken lassen – darauf haben sie es nämlich angelegt. Neben Geschicklichkeit und Geduld entscheidet beim Adventure Golf auch das berühmte „Quäntchen Glück" darüber, wer den Ball am schnellsten ins Loch befördert. Jede der Bahnen wartet mit einem besonderen Hindernis auf: Mal muss der Ball durch eine alte Lore befördert werden und mal durch einen dunklen Tunnel, die beide an den Kalibergbau erinnern. Der Kunstrasen darf betreten werden, was die Sache erleichtert.

Wir sind inzwischen auf der siebten Bahn, durch die ein kleiner Wasserlauf führt. In den darf der Ball natürlich nicht geraten! Mit den Augen wird der Abstand zum Loch gemessen, die Größe der Bodenwellen abgeschätzt, der Schläger trifft auf den Ball, der Ball rollt und rollt und rollt, mitten ins Loch. Wir brechen in Jubelrufe aus und führen Freudentänzchen auf, dieser Schlag hat uns in Führung gebracht. Aber wer weiß, für wie lange …

- Adventure Golf, Verleih: Bistro im Dampfbad, Solebadstraße 17, 31162 Bad Salzdetfurth, Tel. (0 50 63) 2 71 18 75 www.adventuregolf-badsalzdetfurth.de
- ÖPNV: RB, Haltestelle Bad Salzdetfurth, Solebad oder Bahnhof

8

Kultur für alle

54 Die Kulturherberge Wernershöhe bei Sibbesse

Versteckt zwischen uralten Bäumen, auf einem Hügel im Leinebergland, liegt die Kulturherberge Wernershöhe. Seit vielen Jahrhunderten schon ist dieser Ort ein Kreuzungspunkt, an dem die Wege aus Norden, Süden, Osten und Westen sich für einen kurzen Moment treffen. Barbarossa ist hier schon entlanggeritten, und der zwergenhafte Bote Hödeken kam hier immer vorbei, wenn er Nachrichten zwischen Winzenburg und Hildesheim übermittelte. Dazu: unzählige Pilger, unterwegs auf dem Zubringer zum Jakobsweg. Pilger trifft man heute noch hier, ebenso Opernsängerinnen, Kabarettisten, Yoga-Lehrerinnen und Reggae-Musiker. Die Kulturherberge Wernershöhe verbindet nicht nur Kultur und Unterkunft, sondern ist ein Ort, an dem sich Menschen begegnen und an dem für alle Platz ist, egal welche Geschichte sie mitbringen, welchen Musikgeschmack sie haben.

Samstagsabends ist regelmäßig Showtime auf der Waldbühne. Dann vibriert die Luft von Gitarrenklängen, Gesang und Gelächter, die Bäume links und rechts erstrahlen in farbenfrohem Licht. Es wird ausgelassen geswingt und zu Pop, Soul und Ska getanzt. Sonntags geht es gelassener zu. Am Nachmittag gibt es im Rahmen des Waldcafés selbst gebackene Kuchen und Torten, oft begleitet von einem Theaterstück für Kids. Daneben wird auch immer wieder Kultur zum Mitmachen geboten. Hier kann man sich ausprobieren, neue Lieblingshobbys entdecken und sich inspirieren lassen. Da entstehen aus alten Stoffresten wunderschöne Taschen, aus Ton werden Gefäße von Hand geformt, oder man lernt, wie man im Wald überlebt. Aber die Kulturherberge Wernershöhe, die von dem Verein Kulturherberge e. V. geleitet wird – dessen Mitglieder teilweise auch vor Ort wohnen –, ist nicht nur ein Platz der Begegnung und des Aktivseins. Wer nur ein paar Schritte runter vom Hauptgelände macht, der landet mitten in einer wunderschönen Allee mit mächtigen Eschen. Von hier schweift der Blick über die weiten Felder in Richtung Harz. Ruhe in der Natur findet man hier neben der Kultur also auch.

TIPP

Den Skulpturenpfad besuchen. Die Kunstwerke beziehen sich teilweise auf regionale Sagen und Mythen.

● Kulturherberge e. V., Wernershöhe 2, 31079 Westfeld, Tel. (0 50 65) 87 87
www.kulturherberge.de

Welcome
to the Beach
BAR
2,50 €

Den Kopf frei bekommen

55 Der Radweg entlang der Innerste

Nach Feierabend so richtig abschalten? Das geht am besten entlang der Innerste. Ein besonders schönes Stück des Radweges führt von der Stadt bis zur Domäne Marienburg. Also, Sportkleidung an, Helm auf, und los geht's. Wie gut es tut, kräftig in die Pedale zu treten und durch die Landschaft zu rauschen. Mit jedem Tritt fällt ein Stück Stress von uns ab. Aber es ist nicht nur die Bewegung an sich, die uns guttut: Hier draußen gibt es so viel zu sehen und zu beobachten, dass die neuen Eindrücke ganz schnell lästige Gedankenschleifen verschwinden lassen. Wir sind ganz im Moment, spüren unseren Körper, nehmen unsere Umgebung bewusst wahr. Da drüben zum Beispiel, in der Kleingartenkolonie, hat jemand den Grill angeschmissen, man sieht die kleinen Rauchschwaden, und in der Luft liegt ein leichter Geruch von Kohle. Oder dort, am anderen Ende des Ufers, liegen Sonnenanbeter auf dem Steg und genießen die Abendstimmung. Das Ufer der Innerste ist hier naturbelassen. Wild wachsen die Pflanzen und Bäume, bilden einen grünen Tunnel, durch den wir fahren. Schön kühl ist es hier, während die körperliche Anstrengung an diesem Sommerabend langsam die ersten Schweißperlen auf unserer Stirn erscheinen lässt. Wir sind nicht die Einzigen, die nach einem langen Arbeitstag auf der Suche nach Entspannung die Natur gewählt haben. Auf der Innerste tummeln sich Kanuten und SUPler, tauchen ihre Paddel ins Wasser und erzeugen kleine Kräusel. Ein Stückchen weiter biegen wir um die Ecke, und plötzlich spüren wir die warmen Sonnenstrahlen auf der Haut. Vor uns breiten sich Felder aus, die Weizenähren wiegen sanft im Wind, und linkerhand fließt die Innerste gemächlich vor sich hin. Am Wegesrand gibt es einige Obstbäume, aber noch sind die Früchte zu klein zum Naschen. Viel zu schnell sind wir an der Domäne Marienburg und stehen vor der Entscheidung: Noch ein Stückchen weiter oder wieder zurück?

- Radweg entlang der Innerste, 31134 Hildesheim
- ÖPNV: Bus 2, Haltestelle Hildesheim Hohnsensee (Parkmöglichkeiten z. B. am Hohnsensee gegenüber vom Wohnmobilstellplatz)

Stimmungsvoller Lichtweg

56 Das Welterbeband

Wenn die Sonne hinter dem Horizont verschwunden ist und die Farben des Himmels von Rosa und Lila in Dunkelblau übergehen, ist vielleicht die schönste Zeit für einen Spaziergang durch Hildesheim. Dann sind die UNESCO-Welterbestätten Mariendom und St. Michaelis und der historische Marktplatz stimmungsvoll beleuchtet, und das Welterbeband weist mit seinen Lichtstelen und den in Granit eingelassenen Lichtleisten den Weg zwischen den Sehenswürdigkeiten. Hier auf dem Welterbeband hat die Dunkelheit nichts Bedrohliches, ganz im Gegenteil: Das Spiel mit Licht und Schatten ist atemberaubend schön und lässt einen andere Dinge wahrnehmen als am Tag. Der Blick wird fokussierter, geleitet von den Lichtstrahlen. Auf dem Marktplatz geht es los, und am besten stellt man sich einmal mitten auf den Platz, in der Nähe des Rolandbrunnens. Von hier sieht man, wie die goldenen Inschriften des Knochenhauer-Amtshauses und des Wedekindhauses im Licht glänzen, und man kann in den beleuchteten Fenstern die Schemen von Menschen erahnen.

Weiter geht es durch die Straße Kurzer Hagen in Richtung St. Michaelis. Der Moment, wenn in der Michaelisstraße die grünen Türme der Kirche über den Häuserdächern sichtbar werden, ist einer der magischsten auf diesem Spaziergang. Wer sich umschaut, sieht aber noch viel mehr: die pastellfarbenen Backsteinfassaden der Häuser und kunstvoll verzierte Erker. Von St. Michaelis führt das Welterbeband den Berg hinunter zum Dom. Ruhig liegt der Domhof im Abendlicht da, alles ist in sanftes Licht getaucht. Im Zentrum zieht der ehrwürdige Mariendom die Blicke auf sich, und es hat etwas zutiefst Beruhigendes, auf einer der Bänke im Domhof zu sitzen, an diesem uralten Ort. Am Ende des Domhofes weisen die Lichtstelen den Weg über die Kreuzstraße und den Hohen Weg wieder zurück zum Marktplatz. Dort angekommen, sind wir ganz erfüllt davon, wie schön Dunkelheit sein kann.

- Welterbeband, Start und Ende auf dem Marktplatz, 31134 Hildesheim
- ÖPNV: Diverse Busse, Haltestelle Kardinal-Bertram-Straße

Klavierha
MEYER

Weinbar mit Geschichte

57

Die WEINkostBAR

Neugierig schauen zwei Gesichter durch das große Glasfenster in den Innenraum. Ob sie hier richtig sind, fragen sich die beiden Besucher. In den Räumen der WEINkostBAR gäbe es eine Kapelle aus dem 16. Jahrhundert, haben sie gehört, und sich sogleich auf den Weg hierher gemacht. Von außen erinnert nichts an eine Kapelle, aber als sie das Lokal betreten, sehen sie gegenüber eine Tür, die in einen gewölbeartigen Raum zu führen scheint. Das muss sie wohl sein, die Bürgermeisterkapelle. Vorsichtig gehen sie durch die Tür und tatsächlich: Vor ihnen öffnet sich ein Raum aus Stein, das Gewölbe ist mit roten und goldenen Linien und grünen Blumenmalereien verziert. Ein Leuchter und Kerzen tauchen den Raum in warmes Licht.

1562 ließ Jost Brandes die Kapelle als Teil seiner Hofanlage erbauen. Seine Familie, durch Tuchhandel reich geworden, hatte mehrere Bürgermeister gestellt, daher der Name. Aber war es wirklich eine Kapelle? Stutzig macht einen der Kamin an der rechten Stirnwand. Der ist eher ein Zeichen dafür, dass dieser Raum eine Kemenate war, ein beheizter Wohnraum. Man weiß es nicht so genau, aber der Raum ist da, in all seiner historischen Pracht, und bildet damit einen ungewöhnlichen Kontrast zu den anderen beiden Räumen, die mit ihren lichtdurchfluteten Fenstern und Barhockern um Weinfässer rustikal-modern anmuten.

Inhaber Rüdiger Schärling kam eher zufällig zur Gastronomie: In der Umbruchzeit der wilden Achtzigerjahre eröffnete er aus einer Laune heraus zusammen mit seinem Bruder das Schärling, getreu dem Motto „Nicht nur reden, sondern machen". Die WEINkostBAR übernahm er dann 2012, und bis heute ist er ein begeisterter Gastronom, der immer wieder mit neuen Ideen für sein Lokal aufwartet. Mal gibt es eine kulinarische Reise durch die Weinanbaugebiete Italiens, mal kann man sein Gläschen Wein bei Live-Musik genießen. Worauf man sich aber immer verlassen kann: dass Schärling, der auch Sommelier ist, jeden Wein, den er anbietet, selbst probiert und für gut befunden hat.

TIPP

Das Schärling gibt es auch noch: Es liegt in der Burgstraße, und Tapasfans finden hier ihr Glück.

● WEINkostBAR, Rathausstraße 8, 31134 Hildesheim, Tel. (0 51 21) 2 81 34 75
www.weinkostbar-hildesheim.de

● ÖPNV: Diverse Busse, Haltestelle Schuhstraße

Vollendet harmonisch

58 Die Michaeliskirche

Die Michaeliskirche steht frei auf einer Anhöhe, und wer durch die Burgstraße kommend den Hügel hinaufgeht, ist sogleich von ihrem Anblick verzaubert. Die hellen Steine der Mauern und die grünen und roten Dächer der Kirche leuchten vor dem dunkelblauen Hintergrund des Himmels. Imposant liegt sie da auf ihrem Hügel, mit ihren sechs Türmen und zwei Chören, aber keineswegs einschüchternd, sondern einladend. Wer auf die Michaeliskirche blickt, der spürt eine ungewöhnliche Harmonie und ein tiefes Gefühl der Ruhe. Dieses Wohlgefühl wird durch eine ausgeklügelte Zahlensymbolik ausgelöst, die der Architektur der Kirche zugrunde liegt und durch die Schlichtheit. Statt aufwendiger Schnörkel und Verzierungen prägen klare geometrische Formen die Bauweise. Vor über 1000 Jahren ließ Bischof Bernward die Michaeliskirche bauen, der Grundstein wurde im Jahr 1010 gelegt. Hier wollte er den Splitter vom Kreuz des Erlösers aufbewahren, den er vom Kaiser geschenkt bekommen hatte. Gleichzeitig sollte die Kirche seine Grabeskirche werden. Und so kam es. Sein Grab befindet sich bis heute in der Krypta.

Bischof Bernward war ein neugieriger Mensch mit allerlei Interessen, dazu gehörten neben Religion auch Architektur, Kunst und Philosophie, und natürlich ließ er vieles von seinem Wissen auch in den Bau einfließen. Im Inneren der Kirche setzt sich das Gefühl der Harmonie fort, und dazu gesellt sich Staunen, sobald man den Blick zur Decke richtet. Im 13. Jahrhundert haben Mönche die Holzdecke gestaltet, und über die Hälfte davon ist original erhalten geblieben. Nicht zuletzt, weil man im Zweiten Weltkrieg vorausschauenderweise 1200 Holzlatten einzeln einpackte und auslagerte. Wer genau hinschaut, erkennt die Darstellung des Stammbaums Jesu, sieht den geriebenen Lapislazuli blau leuchten und die goldenen Farbpigmente glitzern. Seit 1985 gehört die Michaeliskirche zum Weltkulturerbe.

TIPP

Gegenüber vom Kreuzgang gibt es einen ruhigen Innenhof und einen kleinen Spielplatz für Kinder.

● Michaeliskirche, Michaelisplatz 2, 31134 Hildesheim, Tel. (0 51 21) 3 44 10
www.michaeliskirche-hildesheim.de
● ÖPNV: Diverse Busse, Haltestelle Kardinal-Bertram-Straße

Allee mit Vergangenheit

59

Die Bantelner Allee

Leise rascheln die Blätter im Wind, Sonnenstrahlen tanzen auf dem Boden, der mit Blättern bedeckt ist. Wir setzen einen Fuß vor den anderen, machen jeden Schritt ganz bewusst. Die Bantelner Allee ist ein wundervoller Ort, um die Kraft der Natur zu spüren und zur Ruhe zu kommen. Uralte, riesige Eichen und Linden säumen den Pfad, ihre ausladenden Kronen bilden ein schützendes Blätterdach. Wir fühlen uns geborgen. Über 1000 Jahre sind manche der Bäume alt und haben schon einiges gesehen. Aber dazu später mehr. Jetzt erst einmal wollen wir uns in Achtsamkeit üben. Wir strecken unsere Hände aus, berühren das Holz, fahren mit den Fingern die Furchen nach. Wie rau sich die Rinde anfühlt! Als wir an dem Friedhof vorbeikommen, wird uns bewusst, dass diese Allee nicht immer so ruhig und kraftvoll war: Im Mittelalter lag genau hier der Ort Feldberge. Doch es waren finstere Zeiten, jederzeit konnte es zu Überfällen kommen, denn der Ort war nicht befestigt. Aus Angst verließen die Menschen Feldberge und siedelten ins sicherere Banteln über, Feldberge wurde zu einem wüst gefallenen Ort. Doch ein Gebäude trotzte der Zeit: Die Reste der ehemaligen Dorfkirche stehen heute noch an ihrem ursprünglichen Ort, und Bruchsteine und Fresken sind in die Mauer des Friedhofs eingearbeitet worden. Sie sind ein Symbol der Hoffnung in dunklen Zeiten. Neugierig umrunden wir die Mauer und schauen uns die detailreichen Malereien an.

TIPP
Der BootsClub Gronau bietet Bootsausflüge auf der Leine an, die auch an der Allee vorbeiführen.

Stürmisch ging es hier übrigens auch während des Dreißigjährigen Krieges zu. Da lagerte der Feldherr Tilly mit seinem Trupp zwischen Eime und Banteln. Über 20.000 Menschen wollten Tag für Tag mit Wasser versorgt werden, deshalb ordnete Tilly an, einen Weg für die Fuhrwerke zu graben. Die Überreste dieses Weges sind heute unter dem Namen „Tillyschlucht" bekannt und liegen nördlich des Friedhofs in Richtung Gronau. Mit diesen Geschichten im Kopf erscheint uns die Allee noch ein bisschen wertvoller: Als Beweis dafür, dass auf schwierige Zeiten immer gute folgen.

- Bantelner Allee zwischen Banteln und Gronau, Bantelner Weg, 31028 Gronau (Leine)
- ÖPNV: NWB und RE nach Banteln mit Umstieg in Elze (rund 15 Minuten zu Fuß)

Antworten finden

60 Das Kloster Marienrode

In einer Senke am Klingenberg, zwischen sanft geschwungenen Feldern und tiefblauen Teichen, liegt das Kloster Marienrode. Wer hierherkommt, spürt sofort die Kraft und Ruhe, die dieser Ort ausstrahlt. Das Kloster ist ein Ort der Begegnung, mit anderen, mit sich selbst, mit Gott. Es ist ein Ort, wo wir den Lärm der Welt hinter uns lassen und tief in uns hineinhorchen können und wo Fragen zu Antworten werden. Hier ist jeder willkommen und hier darf jeder so sein, wie er ist, zwischen diesen uralten Mauern aus dem 12. Jahrhundert, die eine entspannte Lebendigkeit ausstrahlen. Heute leben, arbeiten, beten und schweigen zwölf Benediktinerinnen hier.

Der erste Eindruck, dass das Kloster abgeschieden am Hildesheimer Wald liegt, täuscht. Ein Radweg führt über den Hof, und der Panoramaweg endet hier. Menschen verbinden ihren Spaziergang bewusst mit einem Besuch des Klostergeländes, um die entspannte Stille zu genießen oder um Erinnerungen wieder wach werden zu lassen. Denn manch eine der Spaziergängerinnen kann sich noch gut an die Zeiten erinnern, als das Kloster ein Gutshof war und sie hier gelebt hat, oder täglich zum Milchholen kam. In der wunderschönen, schlichten Zisterzienserkirche aus dem 15. Jahrhundert kann man für einen Moment innehalten, eine Kerze anzünden und mit etwas Glück einer Schwester beim Orgelspiel lauschen. Wer länger bleiben möchte, kann für ein paar Stunden, Tage oder Wochen im Exerzitienhaus unterkommen. Ob man seinem Tagesablauf dem klösterlichen Rhythmus anpassen und eine Wegbegleitung in Anspruch nehmen möchte, das bleibt jedem selbst überlassen. Egal, wofür man sich entscheidet: Die Klostermauern und die Gemeinschaft strahlen eine Geborgenheit aus, die einem auch in turbulenten Zeiten Sicherheit gibt, und in der man, wenn sich der Sturm langsam legt, plötzlich wieder Weite spürt, neue Möglichkeiten entdeckt und Kraft sammelt, um den eigenen Weg zu gehen.

TIPP

Die Klosterkirche am besten am Morgen besuchen, wenn das einfallende Sonnenlicht alles erstrahlen lässt.

- Kloster Marienrode, Auf dem Gutshof, 31139 Hildesheim, Tel. (0 51 21) 93 04 10 www.kloster-marienrode.de
- ÖPNV: Bus 3, Haltestelle Hildesheimer Wald (rund 15 Minuten zu Fuß)

Kunst im Schloss

61 Das Schloss Derneburg

Hell und einladend wirken die sandsteinfarbenen Gebäude des Schlosses Derneburg vor dem tiefblauen Himmel. Wer das Gelände vom Eingang an der Ostseite aus betritt, wird von zwei imposanten Bronzefiguren begrüßt, einer Frau und einem Mann mit Schirmmütze, die ihre Arme ineinander verschlungen haben. Dass die Figuren genau hier stehen ist kein Zufall: Sie sind ein Selbstporträt von Georg Baselitz und seiner Frau Elke, die 30 Jahre lang in dem Schloss gewohnt haben. 2006 verkauften sie es an ihren amerikanischen Freund und Kunstsammler Andrew Hall und seine Frau Christine, die aus dem Schloss ein öffentliches Museum für Liebhaber zeitgenössischer Kunst machten. Wer über das Gelände und durch die Räume schlendert, spürt immer wieder diesen faszinierenden Kontrast von Gegenwartskunst, die die Fragen und Erlebnisse unserer Zeit thematisiert, und den uralten Schlossmauern, deren Ursprung bis ins 12. Jahrhundert reicht.
Lange Zeit lebten hier Nonnen und später Mönche. Im Zuge der politischen Unruhen und des Wiener Kongresses Anfang des 19. Jahrhunderts wurde Graf Ernst zu Münster Besitzer des Geländes und ließ es in ein stattliches Wohnhaus umbauen. Graf Ernst war ein begeisterter Kunstsammler, der auch selbst malte. Er richtete einen Ausstellungssaal ein, eine Tradition, die heute mit dem Museum weitergeführt wird. Zudem ist die Dauerausstellung „The Passion" eine Hommage an die Jahrhunderte, in denen das Gelände als Kloster genutzt wurde.
Ruhig und leise ist es im Schloss, während man durch die verschiedenen Räume wandelt. Eine große Treppe aus Stein führt nach oben, die Installation „Passing Cloud (Over Derneburg)" von Spencer Finch wirft tanzende blaue Farbsprenkel auf den Boden, und in der Weite der Räume fühlt man sich aufgehoben. Denn es ist genau diese Weite, die es ermöglicht, die raumgreifenden Installationen aus verschiedenen Perspektiven zu betrachten, ganz genau, und einzutauchen in eine Welt aus Farben, Formen und Inspiration.

- Kunstmuseum Schloss Derneburg, Schlossstraße 1, 31188 Holle
  www.sdmuseum.de
- ÖPNV: RE nach Derneburg Bahnhof (rund 15 Minuten zu Fuß)

Ein neues Zuhause

62 Das Wildgatter

Entspannt liegt der Damhirsch im hohen Gras, sein imposantes Geweih ragt in die Luft, und er mahlt gemütlich mit seinem Kiefer. Weiße Punkte sprenkeln sein hellbraunes Fell. Ein Stückchen weiter stolziert ein Pfau durch sein Gehege, und plötzlich, ohne Vorwarnung, breitet er seine prachtvollen Federn aus, die ihn nun wie einen braun-grün-goldenen Strahl umgeben. Ohs und Ahs erklingen am Gehegerand, dort, wo die Besucherinnen und Besucher stehen. Wir sind im Wildgatter am Steinberg, wo es allerlei einheimische Tierarten zu bestaunen gibt. Alles fing in den 1960er-Jahren an: Wo brachte man verletzte Tiere hin, die man gefunden hatte? Na klar, zum Förster, in diesem Fall Förster Andreas. Geduldig päppelte er die Tiere wieder auf und kam auf die Idee, Gehege anzulegen. Das sprach sich schnell herum, und immer mehr Menschen kamen vorbei, um sich die Tiere anzusehen. Im Laufe der Jahre ist das Areal immer größer geworden, und heute leben mehr als 300 Tiere hier. Eine Heimat für verletzte Tiere ist das Wildgatter immer noch: In der Auffangstation werden verletzte Eulen, Turmfalken, Bussarde und andere Greifvögel versorgt, bis sie wieder stark genug sind, um in der Wildnis zu überleben. Tiere, die dauerhaft verletzt sind und nicht mehr ausgewildert werden können, finden im Wildgatter ein neues Zuhause.

TIPP

Bei einer Führung mit einem Scout erfährt man noch viel mehr über die heimischen Tierarten.

Wir schlendern über das großzügige Gelände, es gibt einen Baumlehrpfad, Informationstafeln zu den Tieren in den Gehegen, einen großen Spielplatz und ein Restaurant. Die Kinderaugen leuchten auf, als wir zum Gehege mit Rotwild und Ziegen kommen. Flugs wird Hafer aus dem Futterautomaten gezogen und die kleine Hand aufgeregt der Ziege entgegengestreckt. Die schleckt genüsslich das Fressen auf und genießt die anschließende Streicheleinheit. Wie rau sich das Fell anfühlt! Zum Lachen bringt uns das Miniaturwunderland mit Hildesheims historischen Gebäuden, in dem Meerschweinchen und Kaninchen leben. So viel gibt es hier zu entdecken, und wir genießen die Quality-Time mit der Familie.

- Wildgatter, Steinberg 5, 31139 Hildesheim (freier Eintritt) www.wildgatter-hildesheim.de
- ÖPNV: Bus 5, Haltestelle Rex-Brauns-Straße

Zeitloses Glück

63 Das Mademoiselle Gourmet Café

Leise klappert das Besteck, als es auf dem Teller abgelegt wird, um die Hände für das fluffige Fladenbrot mit würzigem Schafskäse frei zu haben. Ansonsten ist es ruhig am Tisch. Eben noch wurde angeregt erzählt, unterstrichen die Hände mit ihren Gesten die Geschichte, schallte das Lachen bis zu den anderen Tischen. Aber dann kam der reichhaltige Frühstücksteller, und plötzlich wurde es ganz still. Jetzt steht der Genuss im Fokus, hübsch angerichtet liegen Fladenbrot, Oliven, Sucuk und getrocknete Früchte auf dem Teller. Ein orientalisches Frühstück mitten in Hildesheim. Natürlich hätte es auch ein klassisches Frühstück gegeben, mit Aufschnitt und Käse, oder ein veganes mit süßem Bananenbrot und zarter Avocadocreme. Aber warum nicht mal etwas wagen und in eine neue Geschmackswelt eintauchen? Im Mademoiselle Gourmet Café gibt es eine feine Auswahl an Frühstücken, an kleinen und großen herzhaften Gerichten und köstlichen hausgemachten Kuchen. Dazu: Kaffee vom kleinen röstwerk nebenan, Tee mit so ungewöhnlichen Namen wie „Istanbul Night“ und „Team Spirit“ oder hausgemachte Limonaden. Perfekte Voraussetzungen also, um einen gemütlichen Tag zu verbringen.

Tatsächlich kann man im Mademoiselle Gourmet Café ein ungewöhnliches Phänomen erleben: Sobald man sich einen Tisch ausgesucht und mit seiner besten Freundin Platz genommen hat, steht die Zeit still. Nun gibt es nur noch die beiden in ihrer eigenen Welt aus Geschichten, gemeinsamen Erinnerungen, Vertrauen. Ganz im Hier und Jetzt sind sie versunken beim aufmerksamen Zuhören und achtsamen Genießen der Köstlichkeiten. Irgendwann ist der Frühstücksteller leer, es wird ein Kaffee nachbestellt, man sitzt immer noch da, der Mittagshunger kommt langsam, man entscheidet sich für einen frischen Salat und eine erfrischende Holunder-Limo. Andere Gäste kommen und gehen. Und irgendwann kommt der Moment, wo die beiden wieder aus ihrer Welt auftauchen, sich angrinsen und dankbar sind für das zeitlose Glück, das sie eben erleben durften.

● Mademoiselle Gourmet Café, Kurzer Hagen 3, 31134 Hildesheim, Tel. (0 51 21) 1 77 18 83, mademoiselle-gourmet-cafe.business.site
● ÖPNV: Diverse Busse, Haltestelle Almstor

KLEIN GROSS
Caffee Crema 2,10€ 3,10€
3,10€
Milchkaffee 2,30€ 3,30€
Cappuccino 2,20€ 3,20€
Americano 2,10€ 3,40€
Espresso 3,30€
Latte Macchiato 3,80€
Moccacino 3,10€
Heiße Schokolade 3,30€
Power Chai
samova bio tee 2,60€
Kaltgetränke
Limonade; verschiedene Sorten 0,33 - 2,80€
Limonade, verschiedene Sorten „BIO" 0,33 - 3,00€
Mineralwasser „Lautlos" 0,25 2,30€
Mineralwasser „Laut" mit Kohlensäure 0,25 2,30€
Mineralwasser 0,75 4,90€
Orangensaft 0,2 2,30€
Apfelsaft 0,2 2,30€
Wein & Prosecco
Prosecco „Teresa Rizzi" 0,1 3,50€
Rotwein · trocken „Indio" 0,2 4,50€
Schokowein 0,2 4,90€
Weißwein · trocken „Pinot Grigio" 0,2 4,50€
Bier 0,33 3,90€
Handmade
Frischkäse 0,70€
Käse 0,80€
Camembert 1,00€
Mozzarella 1,00€
Pute 1,00€
Schinken 1,00
Lachs
Sandwich Toast
Toast Italiano
Bruschetta
Antipasto
Pasta
chai
chai
chai
CHAI
samova bio tee

Nicht nur für Wasserratten

64

Das Wasserparadies Hildesheim

Spielerisch mutet das Gebäude an, in dem sich das Wasserparadies Hildesheim befindet. Glastürme ragen hier und dort hervor, raffinierte Details ziehen den Blick auf sich, ebenso wie die auffällige grüne Farbe. Der Entwurf stammt vom Architekturbüro Geller-Müller, das verschiedene Freizeitbäder in ganz Deutschland entworfen hat. Die Unübersichtlichkeit und das ungewöhnliche Grün haben sie alle gemeinsam. Spielerisch geht es auch drinnen zu oder entspannend, je nachdem, was man sucht. Was man im Wasserparadiese immer findet: Glücksmomente mit der Familie und Freunden.

Wer das Wasserparadies betritt, wird von wohliger Wärme und dem beruhigenden Geräusch von plätscherndem Wasser begrüßt. Da ist der Alltag schnell vergessen, zumal es so viel zu entdecken gibt! Für die Kleinsten gibt es das Kinderparadies, in dem sie sich langsam an das Element Wasser herantasten können. An den Wänden klettern Affen an Lianen, und bunte Papageien fliegen durch die Lüfte. Im Spraypark nebenan haben die Größeren ihren Spaß: Juchzend laufen sie durch die Wasserfontänen, kurbeln kräftig am Rad, damit das Wasser höher spritzt und schlittern durch die quietschgelbe Rutsche. Über dem Abenteuerbecken erhebt sich die imposante Rutsche X-Stream mit über 100 Metern Länge und Zeitmessung. Den Moment, wenn man mit Karacho ins Wasser platscht, finden nicht nur Kinder unbezahlbar! Und anschließend natürlich die Frage: Wer war am schnellsten? Im Strömungskanal kann man sich treiben lassen und einfach mal loslassen, und im Whirlpool blubbert das Wasser angenehm auf der Haut. Wer nach oben schaut, sieht funkelnde Lichter, wie am Sternenhimmel. Am Beckenrand laden gemütliche Liegen zum Entspannen ein. Durch die großen Fenster strömt helles Licht. Wer möchte, kann zwischendurch eine Wellnessanwendung genießen oder im Saunabereich ordentlich schwitzen. Hinter dem sichtbaren Wasserspaß versteckt sich übrigens eine ausgeklügelte Technik, die rund um die Uhr läuft und fast so komplex wie in einem Krankenhaus ist.

TIPP

Auf Anfrage gibt es Führungen, wo man mehr über die komplexe Technik des Wasserparadieses erfährt.

● Wasserparadies Hildesheim, Bischof-Janssen-Straße 30, 31134 Hildesheim, Tel. (0 51 21) 1 50 70, www.wasserparadies-hildesheim.de
● ÖPNV: Hildesheim Hauptbahnhof

65

Die Kulturfabrik Löseke

Die Bässe wummern, die Diskolichter blitzen und die Musik vibriert in jeder Faser des Körpers. Wir tanzen, als gäbe es kein morgen, fühlen uns unglaublich lebendig, hier, in der Halle, dem größten Saal der Kulturfabrik Löseke. „Löseke" nach dem langjährigen Mäzen der Kulturfabrik, Dr. Arwed Löseke, und „Kulturfabrik", na klar, weil hier Kultur fabriziert wird. Aber nicht am laufenden Band, sondern immer an die Realität des Publikums angepasst. Es gibt ein Zuhause, es gibt den Arbeitsplatz. Und es gibt die Kulturfabrik Löseke, die gerne zu „KUFA" abgekürzt wird. Ein Ort, der Hildesheim abwechslungsreich, dynamisch und schöner macht. Hier treffen sich die unterschiedlichsten Menschen, egal, ob beim Capoeira-Training, Veggiebrunch, Rock-'n'-Roll-Konzert oder politischem Fachsimpeln in der Apo.
Das Backsteingebäude stammt übrigens aus dem 19. Jahrhundert. Lange Zeit war hier die Löseke Papierverarbeitungs GmbH untergebracht, bis die KUFA in den 1990er-Jahren in die Industriehallen zog. Nicht nur im Programm der KUFA gibt es immer wieder etwas Neues, auch das Gebäude hat sich im Laufe der Jahre verändert: Inzwischen gibt es eine Terrasse, auf der man an einem lauschigen Sommerabend gemütlich etwas trinken kann, bevor es zum Konzert geht. Jeder Raum hat einen Namen, und wer genau hinschaut, entdeckt in jedem ein ungewöhnliches Detail. Zum Beispiel die original erhaltenen Sitzbänke der Bundesbahn in der Loretta oder die Miniaturszene in der Wand der Halle. Apropos Halle, hier wurde schon auf Rollschuhen zu Diskomusik geflitzt, zu Technovibes gedanct und bei Kleinkunst-Veranstaltungen aus vollem Herzen gelacht. Genau das macht die KUFA aus: die vielfältige Mischung aus Kultur, Musik und Menschen. Und was die KUFA ebenfalls zu einem ganz besonderen Ort macht: Hier darf man auch selbst Veranstalter werden und sich und seine Ideen ausprobieren.

● Kulturfabrik Löseke, Langer Garten 1, 31137 Hildesheim, Tel. (0 51 21) 7 50 94 50
www.kufa.info
● ÖPNV: Hildesheim Hauptbahnhof

Alte Töpferkunst entdecken

66 Die Pottlandwege im Leinebergland

Die Wanderstiefel sind geschnürt, der Rucksack gepackt, die Sonne lacht vom Himmel und in uns kribbelt die Vorfreude auf einen Wandertag im Grünen. Aber wir werden nicht nur in der Natur unterwegs sein, sondern auch auf historischen Spuren wandeln. Wir sind nämlich auf den Pottlandwegen bei Duingen unterwegs, genauer gesagt auf der Nummer sechs, dem Töpferweg. Als Pottland wird die Region zwischen Alfeld und Springe bezeichnet, die über Jahrhunderte eines der wichtigsten Zentren Deutschlands für Töpferkunst war. Das Zentrum des Pottlands wiederum war Duingen. Dreiviertel der Menschen in der Region haben zu den Hochzeiten von der Töpferei gelebt. Im Winter wurden die Keramikwaren gebrannt, und im Sommer dann wurden sie auf Pferdefuhrwerke geladen und die Fenster und Türen der Häuser vernagelt, damit man durch Europa ziehen und die Waren verkaufen konnte. Die Keramik aus dem Pottland war überaus beliebt: Durch den Hartbrand bei über 1.000° C wurden die Waren besonders robust und wasserundurchlässig. Bis nach Skandinavien, Russland und sogar Amerika wurde die Keramik aus dem Pottland verschifft!

Wer auf den insgesamt sechs Rundwegen durch das Pottland wandert, entdeckt Relikte dieser Zeit, wie alte Tongruben und den historischen Nachbau eines Töpferofens. Auf den Informationstafeln am Wegesrand kann man deren Geschichte nachlesen. Aber nicht nur die Hinweistafeln sind ein Grund innezuhalten. Auf der Königsallee bei Duingen betrachten wir staunend die uralten, knorrigen Eichen, unter denen früher schon so mancher König durchgefahren ist – schließlich war die Strecke ein wichtiger Verbindungsweg. Ein Stückchen weiter liegt die Alte Köthe, in der früher die Waldarbeiter unter der Woche gelebt haben, um sich die langen Hin- und Rückwege ins Dorf zu ersparen. Bänke und Tische stehen vor der Hütte und laden zum Verweilen ein. Wir packen unser Picknick aus, stärken uns, hier, in der Stille der Natur, bevor wir die Entdeckungsreise durchs Pottland wieder fortsetzen.

TIPP

Das Buch „Maries Töpferreise" erzählt die Geschichte des Pottlands für Kinder.

● Pottlandwege, Flecken Duingen, 31089 Duingen, Informationen bei der Samtgemeinde Leinebergland, Tel. (0 51 85) 6 09 21 (Wanderparkplätze bei jedem Weg vorhanden), www.sg-leinebergland.de

Mit Liebe zum Detail

67 Das Osterberg Restaurant & Hotel

Plötzlich wird es still auf der Tanzfläche, und die Blicke der Gäste richten sich auf die Saaltür. Zeit für die Hochzeitstorte! Aber die wird hier im Osterberg nicht einfach so hereingebracht, sondern ist begleitet von einer Lichtshow und einem Lied, das das Brautpaar ausgewählt hat. Schließlich ist dies ein ganz besonderer Moment für die frischvermählten Eheleute. Ob Hochzeiten, Geburtstage oder Jubiläen, der Osterberg ist ein Treffpunkt für Familien, um die schönsten Tage im Leben gemeinsam zu feiern. Das Osterberg-Team sorgt dafür, dass alles reibungslos verläuft. Das Haus am Osterberg, Hotel, Restaurant und Event-Location in einem, ist seit 1926 familiengeführt. Heute empfängt bereits die vierte Generation die Gäste, immer mit dem Ziel, etwas Besonderes zu bieten. Man spürt das in den Details: Die Säle sind liebevoll nach Familienangehörigen benannt, man kann in ‚Mimi's Salon', ‚Christel' oder ‚Fränzchen' feiern oder in allen dreien zusammen, wenn es ein besonders großes Fest werden soll. An den Wänden hängen Foto-Collagen, die an vergangene Veranstaltungen erinnern. Und in der Küche versteht man das Kochen als professionelles Handwerk, das mit Liebe, Leidenschaft und Kreativität ausgeführt wird. Immer wieder werden neue Gerichte erfunden, um die Gäste zu überraschen.

A propos Essen, in den Genuss der Osterberg-Küche kommt man nicht nur bei den Veranstaltungen, sondern auch bei einem Besuch im Restaurant. Gemütlich ist es dort, und bei schönem Wetter lockt die Sonnenterrasse mit Blick auf die Stadt und das Umland. Die Gerichte werden übrigens überwiegend mit Zutaten aus regionaler und fairer Landwirtschaft zubereitet. Aber nicht nur deshalb ist die Küche des Osterbergs außergewöhnlich. Ein weiterer Clou sind die vielen selbst gemachten Extras, wie das Eiskonfekt, das frische Brot oder die köstlichen Plätzchen, die es in der Weihnachtszeit gibt. Ob auf einer Feier oder beim Besuch im Restaurant: Glücksmomente sind im Osterberg garantiert.

TIPP

Der Osterberg richtet auch Tagungen aus.

● Osterberg Restaurant & Hotel, Linnenkamp 4, 31137 Hildesheim, Tel. (0 51 21) 20 68 80, www.hotel-osterberg.de

● ÖPNV: Bus 8, Haltestelle Am Osterberg

IMMER EINE GUTE ZEIT

Energie zum Mitnehmen

68 Die Apenteiche bei Winzenburg

Das Plätschern des Wassers tönt leise im Hintergrund und weist uns den Weg zu den Apenteichen und ihrer sagenumwobenen Quelle. Es ist Sonntagnachmittag, die Sonne lässt die Blätter der Bäume in Abertausenden Grüntönen erstrahlen. Wir haben ein Picknick mitgebracht. Und Zeit. Gemeinsame Familienzeit, Entspannungszeit, Bei-sich-sein-Zeit. Kaum ist die Decke ausgebreitet, sind die Rucksäcke abgestellt, laufen die Kinder zur Quelle. Vorsichtig tauchen sie die Hände ins Wasser, brr, ganz schön frisch! Viele Geheimnisse ranken sich um die Entstehung der Quelle. Was man auf jeden Fall weiß: Es gibt sie schon sehr, sehr lange. Bis in die Jungsteinzeit zurück reichen Funde, die man in der Nähe der Quelle entdeckt hat. Mit den Opfergaben sollten die Quellgeister wohlgestimmt werden. Auch heute noch bedenken die Menschen die Quellgeister: Auf einem Steinpodest in der Nähe der Quelle liegen Blüten, Früchte und selbst gemalte Bilder.

Die Apenteiche sind ein spiritueller Ort, an dem man die Kraft und Energie des Lebenselixiers Wasser mit all seiner Magie spürt. Nicht selten sieht man Menschen mit Gefäßen, die sie mit dem sprudelnden Wasser der Quelle füllen, um so ein Stück Lebensenergie mit nach Hause zu nehmen. Gleichzeitig sind die Apenteiche ein ganz irdischer Ort, an dem Menschen zusammenkommen, um Zeit miteinander zu verbringen. So wie die Winzenburger, die sich hier mal zu zweit, mal in kleinen Gruppen oder zum ausgelassenen Dorffest treffen. Und so wie wir an diesem Sonntagnachmittag. Die Kids sind inzwischen die Erdhänge hochgeklettert und rutschen fröhlich quietschend auf dem Hosenboden herunter. Als Nächstes erkunden sie die kleinen Trampelpfade links und rechts der Hauptwege. Überall gibt es Bächlein und kleine Wasserfälle. Wassertropfen stieben durch die Luft, lassen im Sonnenlicht kleine Regenbögen entstehen. Zu sehen gibt es natürlich auch die Fischteiche, die um 1221 angelegt wurden. Und die Burgruine oben auf dem Berg. Aber dafür kommen wir am besten noch einmal wieder.

● Apenteiche, 31088 Winzenburg (die Teiche liegen am Ende der Straße „Zum Apenteich“, Parkplätze sind vorhanden)

Wo Hoffnung greifbar ist

69

Der Mariendom

Wer in Hildesheim unterwegs ist, wird schnell merken: Die Rose ist hier allgegenwärtig, als Souvenir, Logo oder als Bild auf dem Boden, das auf die Sehenswürdigkeiten der Stadt aufmerksam macht. Hildesheim ohne Rose? Undenkbar! Dem Grund dafür kommt man auf die Spur, wenn man den Mariendom besucht. An der Apsis des Doms rankt eine Heckenrose empor, grün, wild, mit rosa-weißen Blüten. Und um die Heckenrose rankt sich eine Legende über die Gründung des Bistums Hildesheim: Im Jahr 815 zelebrierte Ludwig der Fromme eine Messe in der Natur. An einer Heckenrose hatte er ein kostbares Reliquiar aufhängen lassen. Doch nach dem Gottesdienst vergaß er es. Als es im später wieder einfiel und er zurückkam, gelang es ihm nicht mehr, das Reliquiar vom Rosenstock abzuhängen. Ein Zeichen Gottes! Ludwig der Fromme beschloss, genau an diesem Ort eine Kapelle für die Gottesmutter zu bauen. Das war der Beginn des Bistums Hildesheim. Über 1100 Jahre später ereignete sich ein zweites Wunder: In den letzten Tagen des Zweiten Weltkriegs, am 22. März 1945, wurde der Dom zerstört. Doch zwischen den rauchenden Trümmern bildete der Rosenstock frische Triebe und gab den Menschen Hoffnung in dieser schweren Zeit.
In den 1950er-Jahren wurde der Dom wieder aufgebaut, und wer ihn heute besucht, der spürt immer noch diese Hoffnung, die über dem uralten Gelände liegt, das wütende Feuer und Kriege überstanden hat. Manchmal muss man fast bei null wieder anfangen, aber es geht immer weiter. Und die Gemeinschaft wird einen tragen, auch in schweren Zeiten. Mit seinen klaren Formen außen und innen wirkt der Dom schlicht. Aber wer langsam und achtsam durch die Gänge wandelt, der entdeckt unzählige Kunstschätze aus vergangenen Jahrhunderten: die berühmte Bernwardtür zum Beispiel, den Radleuchter von Bischof Hezilos und – natürlich – den Tausendjährigen Rosenstock. Der Dom gehört ebenfalls seit 1985 zum Weltkulturerbe.

TIPP

Der Rosenstock blüht je nach Wetterlage circa Ende Mai.

● Mariendom Hildesheim, Domhof 4, 31134 Hildesheim, Tel. (0 51 21) 30 77 70
www.dom-hildesheim.de
● ÖPNV: Bus 1, 4, Haltestelle Bohlweg

Wie im Mittelalter

70 Der Kehrwiederwall

Früher dienten Hildesheims Wälle dem Schutz der Stadt, heute sind Hoher Wall, Langelinienwall und Kehrwiederwall grüne Oasen, auf denen man einen gemütlichen Spaziergang entlang des ehemaligen Stadtkerns machen kann. Besonders schön ist der Kehrwiederwall, warum, das wird gleich verraten. Nicht nur Menschen sind gerne auf dem Wall unterwegs, auch die Tiere lieben das grüne Gebiet, hüpfen über die Wege und nisten in den verwinkelten Ästen der Bäume. Wer den Kehrwiederwall von der Annenstraße aus betritt, muss zunächst eine kleine Steigung überwinden. Und die hat ihren Grund: Jetzt liegt der Wall nämlich über dem Niveau der Keßlerstraße, und vor den Augen breitet sich das herrliche Panorama des mittelalterlichen Hildesheims aus. Der Teil Hildesheims, auf den man von hier aus blickt, blieb von der Zerstörung im Zweiten Weltkrieg verschont, und so leuchten die Fachwerkhäuser in der Keßlerstraße mit ihren knallroten Ziegeln und dem bunten Holzgebälk wie eh und je. Im Hintergrund ragen die Türme der Kirchen St. Lamberti und St. Andreas spitz in den tiefblauen Himmel.

Ein Stückchen weiter befindet sich der Kehrwiederturm, der letzte der vier Hildesheimer Wehrtürme, der noch erhalten ist. Um seine Namensgebung rankt sich eine Sage: Ein adliges Fräulein hatte sich im Wald vor den Toren der Stadt verirrt, doch mithilfe des Glockengeläuts aus dem Turm fand sie wieder zurück. Wir schlendern weiter, gelangen zu einer Wiese oberhalb der Basilika St. Godehard, dem Ziel unseres Spaziergangs. Wir sind nicht die einzigen mit der Idee, den schönen Sommerabend an diesem magischen Ort zu genießen. Schließlich fühlt es sich hier ein bisschen an, als würde man in eine andere Welt eintauchen. Früher erklang irgendwann die Glocke, die bedeutete, dass die Tore der Stadt geschlossen werden. Aber wir haben Glück. Wir dürfen weiter auf der Wiese sitzen und den Moment genießen, während am Himmel die ersten Sterne anfangen zu leuchten.

● Kehrwiederwall, 31134 Hildesheim
● ÖPNV: Bus 1, 4, Haltestelle Bohlweg

Hoch hinaus

71 Die St.-Andreas-Kirche

Egal, wo man sich in Hildesheim befindet, den Turm der St.-Andreas-Kirche sieht man von fast überall. Schließlich ist er mit über 114 Metern der höchste Kirchturm Niedersachsens. Fast 500 Jahre hat es gedauert, bis er fertiggestellt war! Für die Kirche dagegen, hat man „nur" 100 Jahre gebraucht. Als Bürgerkirche wurde sie ab 1389 erbaut und sollte mit ihren imposanten Formen das neu erwachte Selbstbewusstsein der Bürger ausdrücken.

Wir wollen heute den Turm besteigen und sind ein bisschen aufgeregt, weil wir gespannt auf die Sicht von dort oben sind, aber auch darauf, was uns unterwegs erwartet. Eines steht nämlich schon fest: Der Aufstieg auf den Turm der St.-Andreas-Kirche ist viel mehr als Stufenabklappern, bis man endlich oben ist. Zunächst geht es über eine Wendeltreppe nach oben, wie viele Füße hier wohl schon drübergelaufen sind? Wir wissen es nicht, aber wir spüren die ausgetretenen Stellen in dem Stein. Plötzlich wird es hell, und wir gelangen in einen hohen Raum aus rotem Stein und großzügigen Fenstern, die mit runden Ornamenten verziert sind. Der ganze Raum wirkt einladend, und wir können uns gut vorstellen, warum hier manchmal Veranstaltungen stattfinden – auch wenn man dafür zunächst die Wendeltreppe überwinden muss. Wir legen eine Verschnaufpause ein und stellen beim Blick aus dem Fenster fest: Wir können schon die Dächer der umliegenden Gebäude sehen. Von nun an geht es über Metallstufen weiter nach oben. Bald erreichen wir den Glockenstuhl. Wie oft haben wir schon diese Glocken läuten gehört! Dass wir nun wissen, wo die Töne entstehen, erfüllt uns mit Freude. Schließlich, nach 364 Stufen, haben wir die Aussichtsplattform erreicht. Rot leuchten die Dächer der Häuser, grün die Dächer von St. Michaelis. Es fühlt sich an, als würde uns die Stadt zu Füßen liegen, und für einen kurzen, süßen Augenblick genießen wir diesen Moment der Erhabenheit über den Dingen.

TIPP

Der Turmaufstieg ist von Mai bis Oktober möglich.

- St.-Andreas-Kirche, Andreasplatz 6, 31134 Hildesheim, Tel. (0 51 21) 1 24 34
www.andreaskirche.com
- ÖPNV: Diverse Busse, Haltestelle Schuhstraße

Erholung am Berg

72 Ein Spaziergang durch Moritzberg

Auf der anderen Seite der Innerste, dort wo die norddeutschen Mittelgebirgszüge enden, liegt der Stadtteil Moritzberg. Hier gibt es breite Alleen, verwinkelte Gassen und tiefgrüne Wiesen, die man bei einem Spaziergang erkunden kann. Am besten folgt man dabei seiner Intuition, lässt sich treiben, die Bergstraße mit ihren alten Fachwerkhäusern aus der Zeit der Stiftsherren hinauf, an der Gelben Schule und der Kirche St. Mauritius vorbei Richtung Berghölzchen.
Schon früh erkannte man, dass der Moritzberg ein wunderbarer Ort für die Naherholung ist und legte im Wald Wanderwege an. Und was ist das Allerschönste am Wandern? Na klar, wenn man nach der Wanderung irgendwo gemütlich sitzen und etwas essen und trinken kann – am besten mit Ausblick. So entstanden im 19. Jahrhundert am Moritzberg mehrere Gartenlokale mit riesigen Terrassen und herrlicher Sicht auf die Stadt Hildesheim und das Umland. Schnell sprach sich herum, wie schön es hier oben ist. Das Berghölzchen-Hotel mit seinem Restaurant ist das letzte Überbleibsel aus dieser Zeit der Gartenlokale, und wer die Straße entlangschlendert, spürt, warum die Menschen so gerne hierherkamen. Übrigens sogar aus Hannover: Zwischen 1899 und 1958 fuhr die Rote Linie 11 der Hannoverschen Straßenbahn direkt zum Hildesheimer Hauptbahnhof. Von dort war es mit der ehemaligen Hildesheimer Straßenbahn nur noch ein Katzensprung bis nach Moritzberg.
Wir wandeln weiter die Mittelallee hinunter. Links und rechts stehen prächtige Villen mit wunderschönen Gärten, in denen Hortensien in bunten Farben blühen und die Bienen summen. Sie wurden Anfang des 20. Jahrhunderts gebaut, als der Gartenstadt-Gedanke die Architektur des Stadtteils prägte. In der Straße Bennoburg säumen ausladende Linden den Weg. Sie ist nach Benno von Meißen benannt, von dem man sagt, dass er als Baumeister bei der Errichtung der Säulenbasilika St. Mauritius beteiligt war. Ein Stückchen weiter liegt der Königsteich, wo wir unseren wohltuenden Spaziergang auf einer der Bänke am plätschernden Wasser ausklingen lassen.

● Moritzberg, 31139 Hildesheim
www.hi-moritzberg.de
● ÖPNV: Bus 1, Haltestelle Güldener Löwe

Geschichte zum Anfassen

73 Das Knochenhauer-Amtshaus

Stolz erhebt es sich an der Westseite des Hildesheimer Marktplatzes. Wie magisch zieht es die Augen der Besucherinnen und Besucher an. Die üppigen Verzierungen glitzern gold, grün und blau im Sonnenlicht. Wer auf dem Marktplatz steht und das Knochenhauer-Amtshaus betrachtet, spürt einen Hauch von Ehrfurcht angesichts seiner Schönheit. Und gleichzeitig wirkt es mit seiner offenen Tür und den Stühlen und Tischen auf dem Vorplatz einladend. Das Knochenhauer-Amtshaus ist nicht nur eine Fassade, und es ist nicht nur zur Zierde da. Nein, in das Knochenhauer-Amtshaus kann man hineingehen und eintauchen in die Geschichte Hildesheims und dieses außergewöhnlichen Gebäudes. 1529 ließen es die Knochenhauer erbauen und richteten hier ihre Verkaufsstätte und ihren Versammlungssaal ein. Mit dem Fleischhandel hatten es die Knochenhauer zu ansehnlichem Reichtum gebracht, und dementsprechend pompös statteten sie ihr Amtshaus aus. Um ihre Macht zu demonstrieren, sorgten sie dafür, dass das Haus einen halben Meter höher war als das gegenüberliegende Rathaus. „Wir haben euch im Blick", gaben sie damit den Ratsherren zu verstehen.

Wer in dem Gebäude umherwandelt, der spürt diese vergangenen Zeiten, sieht das geschäftige Treiben im Erdgeschoss, wo das Fleisch verkauft wird, und hört die Federkiele über das Pergament kratzen, wenn im Gildesaal wichtige Beschlüsse getroffen werden. Dass das heute möglich ist, ist etwas ganz Besonderes, denn im Zweiten Weltkrieg wurde das Gebäude trotz Brandwache zu 100 Prozent zerstört. Gut 40 Jahre später, Ende der 1980er-Jahre, baute man es wieder so originalgetreu wie möglich auf. Eine Puzzlearbeit, denn es gab keinen Gesamtplan. Allerdings gab es unzählige Fotos, aus denen mithilfe der Fotogrammetrie Baupläne erstellt werden konnten, und Einzelpläne. Heute sind im Knochenhauer-Amtshaus das Stadtmuseum und ein Restaurant untergebracht. Beide machen es möglich, dass Besucher hier Geschichte nicht nur sehen, sondern anfassen, spüren, erleben können.

- Knochenhauer-Amtshaus, Markt 7, 31134 Hildesheim, Tel. (0 51 21) 2 99 36 85 www.stadtmuseum-hildesheim.de
- ÖPNV: Diverse Busse, Haltestelle Kardinal-Bertram-Straße

Zwischen gestern und heute

74 Der historische Marktplatz

Wer sich auf dem Marktplatz in Hildesheim einmal um die eigene Achse dreht, kommt aus dem Staunen nicht heraus: Der Platz ist gesäumt mit kunstvoll verzierten Fachwerkgebäuden aus einer anderen Zeit. Wer genau hinschaut, entdeckt die farbigen Wappen auf der sonst schlichten Fassade des Tempelhauses und den Kopf an der Fassade des Knochenhauer-Amtshauses, der der Legende nach das Gesicht des ehemaligen Politikers Norbert Blüm hat. Kaum zu glauben, dass es sich bei den Gebäuden tatsächlich um Rekonstruktionen handelt!
Wenn man die Geschichte des historischen Marktplatzes erzählt, muss man auch von einem der schwärzesten Momente der Stadt berichten: Am 22. März 1945 wurde bei der Bombardierung Hildesheims ein großer Teil der Innenstadt zerstört, darunter auch viele der Gebäude am Marktplatz. Große Löcher klafften dort, wo einstmals Bäckeramtshaus und Knochenhauer-Amtshaus standen. In den 1960er-Jahren wurde an ihrer Stelle das Hotel Rose gebaut. Doch richtig wohl fühlten sich die Hildesheimer nicht mit ihrem neu gestalteten Marktplatz. Es fehlte ein Großteil der historischen Gebäude, das Flair und das Gefühl, mit der Vergangenheit der Stadt verbunden zu sein.

In den 1980er-Jahren beschloss man daher, den Marktplatz nach dem historischen Vorbild neu zu gestalten. Einige der neu errichteten Häuser erhielten historische Fassaden, das Bäckeramtshaus und das Knochenhauer-Amtshaus wurden komplett rekonstruiert. Seitdem ist der Marktplatz wieder das pulsierende Herz der Innenstadt, der Ort, wo man sich im Sommer trifft, um einen Eisbecher zu schlemmen, und im Winter gemeinsam den weihnachtlichen Budenzauber genießt. Der Ort, wo man es sich mit einem Bier oder Wein auf einer der Restaurantterrassen gemütlich macht und dem Treiben der anderen zusieht, oder wo man selbst mitten im Treiben ist, zum Beispiel wenn mittwochs und samstags Wochenmarkt ist. Ein Ort, der einen an die Vergangenheit erinnert, aber an dem man gleichzeitig die Gegenwart in all ihrer Lebendigkeit spürt.

- Marktplatz, 31134 Hildesheim
- ÖPNV: Diverse Busse, Haltestelle Kardinal-Bertram-Straße

75

Der Familienpark Sottrum

Das Seil ist auf Hüfthöhe gespannt, zwischen zwei Pfeilern aus Holz. Die Kids versuchen, es mit den Füßen zu berühren. Es vibriert, geschafft! Nun wird das Seil etwas höher gehängt, nacheinander visieren die Kids es an, der Fuß schnellt in die Höhe und … geschafft! Immer höher wird das Seil gehängt, immer schwieriger wird es, das Seil mit dem Fuß zu berühren. Wir spielen Chinesisches Seilkicken im Familienpark Sottrum, diesem Paradies für Familien, dieser Goldgrube an Spielen für Klein und Groß. Das Chinesische Seilkicken ist eines der vielen Spiele, die Peter Deicke, der Gründer des Parks, von seinen Reisen in die ganze Welt mitgebracht hat. Hier im Park werden wir selbst zu Entdeckern, und die Kinder sind begeistert: Sie können in einem Claim nach Edelsteinen suchen, mit dem Floß zu unbekannten Ufern übersetzen und auf dem Bauernhof mit Schafen, Eseln und Meerschweinchen schmusen. Rennen, spielen, matschen, anfassen, ausprobieren, kurz gesagt, alles, was Kindern Spaß macht, ist hier ausdrücklich erlaubt. Und gleichzeitig lernen sie auf spielerische Art und Weise mehr über Themen wie Erdkunde, Zoologie, Botanik und Physik.

TIPP
Der Familienpark ist von Frühjahr bis Herbst geöffnet.

Die Stationen sind mit viel Fantasie und einer großen Prise Humor gestaltet, viele sind aufwendig aus Holz gezimmert. Manche der Eltern, die heute mit ihren Kindern hierherkommen, kennen den Park noch aus ihrer eigenen Kindheit und werden manchmal selbst wieder zu Kindern, die sich auf der Riesenrutsche einen Wettbewerb liefern. Egal, wie oft man schon im Park war, langweilig wird es nie! Der Einfallsreichtum des Park-Teams ist unerschöpflich, und immer wieder gibt es etwas Neues zu entdecken. Bei so viel Action braucht es zwischendurch auch mal eine Ruhepause. Dazu laden die vielen Bänke und Picknickplätze am Wegesrand ein. Oder man schippert gemütlich mit dem Schwanen-Tretboot über den See, und eines ist klar: Am Ende des Tages werden wir alle müde und glücklich mit zuckersüßen Erinnerungen an diesen aufregenden Familientag ins Bett fallen.

- Familienpark Sottrum, Ziegeleistraße 28, 31188 Holle, Tel. (0 50 62) 88 60
www.familienparksottrum.de
- ÖPNV: RE nach Derneburg Bahnhof, weiter mit Bus 35, Haltestelle Sottrum Freizeitpark

Die Perspektive wechseln

76 Mit dem SUP auf der Innerste

Manchmal tut es gut, die Perspektive zu wechseln. Das wollen wir heute machen und haben uns dafür unsere SUPs geschnappt. Auf's Wasser soll es gehen, das Wasser der Innerste. Die Bedingungen sind perfekt: Die Sonne scheint, am Himmel ziehen kleine Schäfchenwolken ihre Bahnen und neben uns glitzert das grüne Wasser des Flusses. In der Nähe des Wohnmobilstellplatzes am Hohnsensee gibt es eine Einstiegsstelle, wir lassen die Boards zu Wasser, klemmen unsere Drybags mit Proviant unter die Schnüre, klettern vorsichtig auf die Boards, machen ein paar Schläge mit dem Paddel und schon gleiten wir über das Wasser.

Die Innerste ist hier ein ruhiger Fluss, und die Ruhe überträgt sich auf uns. Ein paar Paddelschläge auf der linken Seite, ein paar auf der rechten Seite zum Ausgleich, den Blick nach vorne richten, die Füße auf dem Board spüren, das Gleichgewicht halten. Stand-up-Paddling ist nicht nur ein Sport mit Spaß-Faktor, sondern hat auch eine meditative Seite. Und wie ungewohnt es ist, den Fluss aus dieser Perspektive zu sehen! Wir ziehen an den Trauerweiden vorbei, die ihre Äste bis ins Wasser hängen lassen, Enten beäugen uns neugierig, am Ufer entdecken wir lauschige Buchten. Und dann diese Stille! Für einen kurzen Moment schwebt das Paddel in der Luft, und das Board gleitet lautlos durch das grüne Wasser. Der Fluss trägt uns. Dann ist die Stille vorbei, eine Gruppe Kajak-Fahrer kommt uns entgegen, wir winken uns fröhlich zu. Weiter geht's, jetzt schlagen wir die Paddel schneller, brausen förmlich durch das Wasser, spüren den leichten Wind auf der Haut. Und dann können wir der Versuchung nicht mehr widerstehen, das Wasser sieht zu erfrischend aus, zu einladend, und wir lassen uns lachend fallen, mitten ins kühle Nass. Als wir wieder auftauchen, sehen wir den weiten Himmel über uns, hören das Wasser glucksen. Das Leben ist schön.

TIPP

Paddel Outdoor (www.paddel-outdoor.de) verleiht SUPs und gibt Kurse.

- Stand-up-Paddling auf der Innerste, 31134 Hildesheim
- ÖPNV: Bus 2, Haltestelle Hildesheim Hohnsensee

Auszeit im Grünen

77 Der Campingpark Humboldt-See

Die Hand greift nach dem Wecker, wie spät es wohl ist? Bestimmt schon Zeit zum Aufstehen. Die Augen gehen auf, kurze Orientierungslosigkeit, dann bahnt sich ein Gedanke seinen Weg: Es ist Urlaub! Urlaub, diese wunderbare Zeit, in der der Wecker zu Hause bleibt, ebenso wie der Alltag, und man nach Herzenslust die Seele baumeln lassen kann. Ein Blick aus dem Fenster des Vans zeigt: Die Sonne lacht, und die ersten Gäste baden schon im See. Der Campingpark Humboldt-See liegt eingebettet in die sanften Hügel des Weserberglands, am Fuße des Ith. 1971 wurde er eröffnet, damals waren die Parzellen nicht viel mehr als ein Stück Erde, die durch Holzpfähle voneinander abgegrenzt waren. Strom gab es nur im Toilettenhäuschen. Heute geht es natürlich komfortabler zu, und neben der Übernachtung im eigenen Zelt, Wohnmobil oder Van können Gäste auch ungewöhnliche Unterkünfte ausprobieren: zum Beispiel die kuscheligen Schlaffässer oder die burgunderroten Tiny-Wagen.

Für welche Art der Unterkunft man sich auch entscheidet: Einen Hauch von Abenteuer erlebt man immer noch bei einem Urlaub im Campingpark. Das Leben drinnen ist auf wenige Quadratmeter reduziert, und auch wenn es Strom und Wasser gibt, ist doch alles etwas spartanischer als zu Hause. Oder man könnte auch sagen: Alles ist etwas übersichtlicher. Außerdem: Wer campt, verbringt sowieso die meiste Zeit draußen. Und herrliche Natur gibt es rund um den Campingpark in Hülle und Fülle. Den Humboldtsee, klar, aber auch die anderen Seen in der Nähe, die man auf Wanderwegen erkunden kann, und den dicht bewaldeten Ith mit seinen spektakulären Klippen. Und am Abend dann trudeln alle wieder auf dem Campingplatz ein, die Stellplatz-Nachbarn, die Dauercamper, und wer möchte, kommt ins Gespräch, erzählt sich Geschichten vom Reisen, vielleicht packt jemand ein Instrument aus, ein anderer stimmt ein Lied an, und plötzlich bleibt die Zeit stehen und wir wünschten, der Tag würde nie zu Ende gehen.

TIPP

Wer möchte, kann den Campingpark Humboldt-See auch als Tagesgast besuchen.

● Campingpark Humboldt-See, Humboldtsee 1, 31020 Salzhemmendorf, Tel. (0 51 86) 95 71 40, www.campingpark-humboldtsee.de

Kurioser Riese

78 Der Wasserbaum von Ockensen

Schon von Weitem ist das Rauschen des Wassers zu hören, und Staunen breitet sich auf den Gesichtern aus, als der Wasserbaum von Ockensen im Blickfeld auftaucht. Über und über mit dunkelgrünem Moos bedeckt ist er, und ganz oben sprudelt das Wasser fontänenartig heraus. Ist es wirklich ein Baum, aus dem das Wasser da strömt? Und woher kommt das Wasser eigentlich? Fragen über Fragen.

Wer sich ganz nah an diese Kuriosität heranwagt, spürt die feinen Wasserperlen auf der Haut, spürt die Kühle, die vom Moos ausgeht. Und wer den Blick weiter nach links schweifen lässt, über die Felder, bis zu einem Haus ganz in der Nähe, der hat den Ort entdeckt, an dem sich die Antwort darauf findet, wie der Wasserbaum entstanden ist. Die Kurzversion geht so: In diesem Haus lebte Hermann Meyer, der 1904 in Ockensen ein Sägewerk gründete. Den Strom für sein Werk wollte er mithilfe des Wassers, das hier reichlich aus dem Ith strömte, und einer Turbine erzeugen. Allerdings wollte er nicht ständig zum Wasser laufen müssen, um zu prüfen, ob der Druck zur Stromerzeugung ausreichte. So hatte er die geniale Idee, in Sichtweite des Hauses ein Überlaufventil zu bauen. Daraus wurde im Laufe der Jahre der Wasserbaum von Ockensen. Er ist also kein Baumstamm, sondern eine ursprünglich aus Brettern gebaute quadratische Röhre, die den Wasserdruck anzeigen sollte. Quoll das Wasser aus der Röhre, konnte Meyer Strom zum Antrieb seiner Säge erzeugen. Durch die Ablagerungen des kalkhaltigen Wassers entstand im Laufe der Jahre die außergewöhnliche Form.

TIPP
Die ganze Geschichte, wie der Wasserbaum entstanden ist, erklären Informationstafeln am Wegesrand.

Aber der Wasserbaum ist nicht nur eine Kuriosität mit spannender Geschichte, sondern auch ein toller Ort für einen Familienausflug: Ein Picknickplatz mit Bänken und Tischen lädt zum Verweilen ein, und in der Natur ringsum können sich die Kinder austoben: mit den Füßen durchs Wasser plantschen, über Erdwälle flitzen und über die kleine Brücke aus Stein balancieren.

● Wasserbaum Ockensen, Zum Wasserbaum, 31020 Salzhemmendorf (Wanderparkplatz direkt vor Ort)

Zurück zu den Wurzeln

79 Der Brunottesche Hof in Wallenstedt

Am Fuße der Sieben Berge, in den sanften Hügeln des Leineberglands, liegt das kleine Dörfchen Wallenstedt. Und an der Hauptstraße von Wallenstedt wiederum liegt ein ganz außergewöhnliches Haus, in dem Geschichte greifbar ist: der Brunottesche Hof. 1594 ließ die Familie Brunotte das Haus errichten, die Hofstelle gibt es aber tatsächlich schon seit über 1000 Jahren! Dass das einzigartige Baudenkmal restauriert wurde und für die Öffentlichkeit zugänglich gemacht wurde, ist nicht zuletzt dem Verein Brunottescher Hof e. V. zu verdanken. Weil die Mitglieder nicht nur das historische Gebäude für zukünftige Generationen erhalten, sondern das Baudenkmal auch mit Leben füllen wollten, entstand die Idee, es als Dorfgemeinschaftshaus zu nutzen. Und so wurde der Brunottesche Hof zu einem Ort, in dem man sich ganz verwurzelt fühlt, zum einen, weil man hier die Vergangenheit spürt, zum anderen weil man Gemeinschaft erlebt. Größere Feste werden im Bereich der ehemaligen Tenne und Pferdeställe gefeiert; an die ursprüngliche Nutzung erinnern der Steinfußboden, die hohe Decke, ein Trog und Pferdegeschirr an der Wand. Kleinere Veranstaltungen, wie zum Beispiel das Café Brunotte, finden in der sogenannten Guten Stube statt, in der der Ofen wie früher bollert, oder bei gutem Wetter auf der Terrasse vor den typisch kleinen Fenstern in der Hauswand. Und so sitzt man beisammen, drinnen oder draußen, tauscht sich aus, über den Alltag, das Dorfleben, die Politik. Wenn man sich gesättigt und zufrieden auf den Weg nach Hause macht, erlebt man vielleicht noch eine Überraschung: Auf dem Brunotteschen Hof wird nämlich nicht immer nur Deutsch gesprochen! Die kleine Ferienwohnung im Obergeschoss des Hauses hat schon Gäste aus Übersee gesehen, aus Australien, den USA und China, für die der Hof genau der richtige Ausgangspunkt für ihre Entdeckungstouren zu den Architekturhighlights der Region ist. Schließlich ist er selbst eins.

TIPP

Gäste sind herzlich willkommen, und die Räume können auch für private Feiern gemietet werden.

● Brunottescher Hof, Hohle Grund 2, 31028 Gronau (Leine)
www.brunottescher-hof.de

● ÖPNV: Bus 44, Haltestelle Sibbesse, weiter mit Bus 661, Haltestelle Wallenstedt

Hildesheims Wohnzimmer

80

Das LitteraNova

„Ordnet die Städte nach ihrer Höhe über dem Meeresspiegel. Zur Auswahl stehen: Venedig, Damaskus, Kopenhagen und Baku." Es ist Dienstag und Quiznight im LitteraNova. Die Uhr tickt, die Köpfe rauchen, die Teams beraten sich tuschelnd, trinken Bier, knabbern Tortillachips. Wenn nichts mehr hilft, hilft raten und darauf hoffen, dass der Zufall ein Einsehen mit dem Team hat. Schon ist die Zeit um, und der Quizmaster stellt die nächste Frage. Geografie, Politik, Medizin, Literatur, an diesem Quizabend kommt jedes Thema mindestens einmal auf den Tisch. Das Team, das sich in nichts weniger als allem auskennt, ist klar im Vorteil. Manche Teams rätseln schon seit Jahren mit, für sie ist der Dienstag im LiNo, wie das LitteraNova auch liebevoll genannt wird, ein fester Termin im Kalender. Und für manch einen, der hier regelmäßig herkommt, fühlt sich das LiNo fast ein bisschen wie ein zweites Wohnzimmer an. Mit seinem gemütlichen Gewölbe, den Kerzen auf den Tischen, dem knisternden Kaminfeuer auf dem Bildschirm neben der Bühne und vor allem mit der familiären Atmosphäre. Das eingespielte LiNo-Team weiß schon, was man trinken möchte, bevor man es ausgesprochen hat, die Stammplätze der Gäste bleiben meist wie von Zauberhand frei, bis sie eintrudeln.

TIPP

Das LitteraNova kann für private Veranstaltungen gemietet werden.

Am Wochenende wechselt das Bild von rauchenden Köpfen zu tanzenden Körpern. Dann wird hier Rock, Pop, Blues gespielt, wild getanzt und mitgesungen, manchmal bis in die frühen Morgenstunden. Auf der Bühne gibt es dann Musiker oder Bands, die mit ihren Instrumenten und ihrem Gesang der Menge einheizen, oder einen DJ, der an seinen Turntables mixt. Gespielt wird, was dem Publikum gefällt. Wobei die Bühne im LiNo auch als Ort verstanden wird, an dem sich Künstler ausprobieren dürfen. Egal, ob musikalisch, bei einem Theaterstück oder einem Poetry Slam. Und falls ein Act spontan ausfallen sollte, braucht keiner nach Hause gehen: Entweder man jammt zusammen oder einer der Musiker im Team des LiNo rockt die Bühne.

● LitteraNova, Wallstraße 12 a, 31134 Hildesheim, Tel. (0 51 21) 1 74 41 63
www.litteranova.info
● ÖPNV: Bus 5/43, Haltestelle Ostertor